南孔圣地
衢州有礼
QUZHOU
一座最有礼的城市

在衢州
看见有礼中国

来自衢州城市品牌的探索与实践

编委会主任◎杜英姿　钱伟刚

主编◎常　亮　刘正良

人民日报出版社
北京

图书在版编目（CIP）数据

在衢州看见有礼中国：来自衢州城市品牌的探索与实践 / 常亮，刘正良主编. —北京：人民日报出版社，2021.7

ISBN 978-7-5115-7095-6

Ⅰ.①在… Ⅱ.①常…②刘… Ⅲ.①城市管理－品牌战略－研究－衢州 Ⅳ.①F299.275.53

中国版本图书馆CIP数据核字（2021）第143700号

书　　名：在衢州看见有礼中国：来自衢州城市品牌的探索与实践
　　　　　Zaiquzhou Kanjian Youli Zhongguo: Laizi Quzhou Chengshi Pinpai de Tansuo yu Shijian
主　　编：常　亮　刘正良

出 版 人：刘华新
责任编辑：万方正
封面设计：李尘工作室

出版发行：人民日报出版社
社　　址：北京金台西路2号
邮政编码：100733
发行热线：（010）65369527　65369846　65369509　65369510
邮购热线：（010）65369530　65363527
编辑热线：（010）65369533
网　　址：www.peopledailypress.com
经　　销：新华书店
印　　刷：天津市钧亚印务有限公司

开　　本：710mm×1000mm　　　1/16
字　　数：225千字
印　　张：13.5
印　　次：2021年8月第1版　　2021年8月第1次印刷

书　　号：ISBN 978-7-5115-7095-6
定　　价：56.00元

编 委 会

打造闻名全球的城市品牌

——刘平均

衢州市委、市政府高度重视品牌建设，深入贯彻习近平总书记"三个转变"的重要思想和"强化品牌意识"的重要指示，实施品牌强市发展战略。"南孔圣地·衢州有礼"是我国城市品牌建设的一个成功范例。

城市间地域特色、文化特色和经济基础各有特点，在城市品牌建设中，关键是要精准优选易传播推广的城市品牌主题，让城市品牌的知名度、美誉度转化为无形资产，进而成为推动城市发展的生产力。

衢州经验是准确定位，加大宣传力度，提高全民品牌意识。近年来，在国家发改委组织的营商环境评价中，衢州市连续两次在全国293个地级市中名列第一。

为总结宣传衢州经验，指导全国的城市品牌建设，中国城市报社和中国城市品牌研究院编辑了这部介绍城市品牌建设的专著——《在衢州看见有礼中国：来自衢州城市品牌的探索与实践》。

这部书从"品牌溯源""品牌内涵""品牌行动""品牌宣示""品牌成果""品牌亮点""品牌评议""品牌畅想""品牌大事记"

"附录"等10个方面，全面介绍了衢州城市品牌建设发展战略。

衷心希望衢州再接再厉，提升综合实力，积极参与中国城市品牌评价活动，为全国城市创造更多经验；为全面推动我国城市高质量发展做出更大贡献，为提升中国城市品牌国际影响力做出新探索。衢州一定会成为国内外消费者向往的旅游目的地。

（作者系中国品牌建设促进会理事长、原国家质检总局副局长、国际标准化组织品牌评价技术委员会顾问组主席）

衢州有礼新赋

South 南孔圣地，衢州有礼；归去来兮，君子弘毅。丁酉刍议，文旅先试；戊戌全会，群贤集思。新时代定向举旗，大花园更兼奋起。于是古郡新貌，风发意气；有礼品牌，誉满无极。

四省边际三衢秀丽，两山转换一脉钱塘。孔圣嫡裔世居地，烂柯青霞留传奇。九百年儒风习习，廿七代室家宜宜。家庙府中南孔爷爷行迹南北东西，鹿鸣山上快乐小鹿跳跃河川云霓。士子作揖风景异，布衣崇礼民心齐。衢州有礼万物衍息，政通事润四海归一。

抚今追昔风口站立，抓细落实强健体系。商标注册，高端大气；冠军代言，行业助力。飞九霄兮越千里，上央视兮播四季。有礼歌曲音尘不绝，南孔影片风雅相继。巧设计，大融入；进展会，迎赛事。九场发布会精彩纷呈，一座有礼城神州咸悉。

文明有礼若雨润滋，市民公约如椽大笔。不忘初心修文化，牢记使命破积弊。处处见礼，掬江水而成点滴；人人行礼，念桂香以慰锦鲤。礼从心生观照自我，礼遇天下兼济苍生。礼治基层强本底，礼待宾客优营商。三衢复兴谁可倚，一城有礼皆忠义。

两年以降，南孔圣地传圣绩；及至今日，衢州有礼更有力。盛名重重，来之则喜；勋功隆隆，去亦不悲。鼎新除弊，圣地依旧；守正定意，有礼如前。己亥冬月初雪吉日，城市排行权威发布；占五十强之不易，叹有礼路而欢泣。

诗曰：

水亭谯楼初阳曦，南孔门第烟霞弈；古城几度迎风雨，吾曹数番辩高低。

衢州有礼横空出，始信青云为我梯；今宵明月梦去时，来日征途再作揖。

（三衢马生）

衢州名片

国际花园城市

全国文明城市

国家历史文化名城

中国优秀旅游城市

国家生态示范区

国家卫生城市

国家园林城市

国家经济技术开发区

国家高新技术产业开发区

全国第一批"绿水青山就是金山银山"实践创新基地

国家绿色金融改革创新试验区

钱江源国家公园体制试点

国家首批全民运动健身模范市

中国投资环境百佳市

中国十大宜居城市

✦ 衢州 ✦

一座车让人的城市

一座自觉排队的城市

一座烟头不落地的城市

一座使用公筷公勺的城市

一座行作揖礼的城市

一座不随地吐痰的城市

一座没有"牛皮癣"的城市

一座拆墙透绿的城市

◆ 衢州有礼市民公约 ◆

1. 南孔圣地，衢州有礼。

2. 笑迎宾朋，作揖问好。

3. 为人诚信，说到做到。

4. 让座让行，排队有序。

5. 红灯不闯，护栏不跨。

6. 车不乱停，笛不乱鸣。

7. 斑马礼让，路人快行。

8. 窗外不抛物，人前不喧哗。

9. 桌餐不挑菜，提倡用公筷。

10. 见天才抽烟，烟头不落地。

11. 不随地吐痰，不随地方便。

12. 如厕不涂鸦，去时要冲冲。

13. 爱犬出门要牵绳，不给人家狗屎运。

14. 公园桌椅莫躺卧，一草一木皆有情。

15. 垃圾投放要分类，看到随手捡入桶。

16. 小区不乱搭乱建，楼道不乱堆乱放。

17. 光着膀子不出门，睡衣拖鞋不上街。

18. 有空常回家看看，孝顺父母敬亲人。

19. 上网不信谣传谣，手机不刷屏拉票。

20. 有礼城市是衢州，你是最美衢州人。

附录 163

第一章
品牌溯源

第一节 衢州概述

这是一座装点在江南自然大花园中的美丽城市。走进这座城市，举目春意盎然，静闻百花溢香；村村书声惊栖鸟，处处绿水绕青山。在这里吸进的每一缕空气都那么清新；喝进的每一口水都那么甘醇；见到的每一个人都那么落落大方，彬彬有礼。这就是贴着"南孔圣地·衢州有礼"特殊标识的浙江省衢州市。

衢州市位于浙江省西部、钱塘江源头、浙闽赣皖四省边际，市域面积8844平方公里，辖柯城、衢江2个区，龙游、常山、开化3个县和江山市，人口258万。

衢州是一座历史文化名城。始建于东汉初平三年（192年），有6000多年的文明史、1800多年的建城史，1994年被命名为国家历史文化名城。文脉绵延流长，有江南地区保存完好的古代州级城池衢州府城、全国重点文物保护单位衢州府城墙，复建的天王塔院、文昌阁等历史文化古迹。衢州是圣人孔子后裔的世居地和第二故乡，是儒学文化在江南的传播中心，历史上儒风浩荡、人才辈出，素有"东南阙里、南孔圣地"的美誉。位于市区的衢州孔氏南宗家庙是全国仅有的两座孔氏家庙之一。衢州是伟人毛泽东的祖居地，江山清漾村被中央党史研究室、国家档案局以及毛泽东嫡孙一致确认为毛泽东祖居地和"江南毛氏发祥地"，《清漾毛氏族谱》被列入首批《中国档案文献遗产名录》。衢州还是围棋文化发源地，早在东晋时期就流传有樵夫王质在烂柯山遇神仙下围棋的故事，这是我国围棋起源最早的文字记载，烂柯山也被誉为"围棋仙地"。2016年，以柯城九华立春祭为代表的中国24节气，被列入联合国教科文组织人类非物质文化遗产代表作名录。衢州认真贯彻落实习近平总书记在浙江工作时提出的"让南孔文化重重落地"重要指示精神，大力推动优秀传统文化创造性转化、创新性发展，结合创建全国文明城市，全力打响"南孔圣地·衢州有礼"城市品牌，打造一座"车让人"的城市、一座"自觉排队"的城市、一座"烟头不落地"的城市、一座"使用公筷公勺"的城市、一座"行作揖礼"的城市、

"衢州有礼"创意宣传画

一座"不随地吐痰"的城市、一座"没有牛皮癣"的城市、一座"拆墙透绿"的城市,使衢州成为名副其实的有礼之城。2019 年 11 月"南孔圣地·衢州有礼"城市品牌首次跻身中国城市品牌百强榜,列第 45 位。2020 年 11 月衢州以全国第四名的优异成绩荣获第六届"全国文明城市"称号。

衢州是一座生态山水美城。因山得名、因水而兴,仙霞岭山脉、怀玉山脉、千里岗山脉将衢州三面合抱,常山江、江山江、乌溪江等九条江在城中汇聚一体。全市森林覆盖率 71.5%,出境水水质保持Ⅱ类以上,连续 6 年夺得浙江省治水最高荣誉"大禹鼎",市区空气质量优良率(AQI)96.4%,市区 PM2.5 浓度 26 微克 / 立方米,市区城市建成区绿化覆盖率 42.8%,人均公园绿地面积 15.2 平方米,是浙江省的重要生态屏障、国家级生态示范区、国家园林城市、国家森林城市,2018 年 12 月获联合国"国际花园城市"称号。衢州是中国优秀旅游城市、首个国家休闲区试点,共有根宫佛国文化旅游区、江郎山—廿八都旅游区等 2 个 5A 级景区和 13 个 4A 级景区。江郎山是浙江第一个世界自然遗产,钱江源国家公园是华东地区唯一的国家公园体制试点,龙游姜席堰与都江堰、灵渠等一同跻身世界灌溉工程遗产。目前衢州正在大力创建国家全域旅

"衢州有礼"创意宣传画

游示范区，积极推进浙皖闽赣国家生态旅游协作区建设，与黄山、南平、上饶共建浙皖闽赣"联合花园"，与桃花源基金会合作共建自然保护地，开展"全球免费游衢州"活动，打造好听音乐会、好吃"三衢味"、好看大花园、好玩运动场等"四好衢州"文旅产品，努力建设"诗画浙江"中国最佳旅游目的地和世界一流生态旅游目的地。

衢州是一座开放大气之城。南接福建南平，西连江西上饶、景德镇，北邻安徽黄山，东与省内金华、丽水、杭州三市相交，历来是浙闽赣皖四省边际交通枢纽和物资集散地，素有"四省通衢、五路总头"之称。境内航空、铁路、公路、水运齐全，民航直达北京、深圳、昆明、青岛、重庆、济南、海口、大连、成都、贵阳、西安、广州、舟山、武汉、珠海、郑州、三亚、南宁、厦门等19个城市，华夏航空华东总部和国际飞行学校落户衢州，衢州港龙游港区、衢江港区正式开港，杭衢游轮正式开通，杭金衢、杭新景高速和黄衢南、龙丽温高速形成"两横两纵"路网框架，全长215公里的美丽沿江公路全线贯通，浙赣铁路、杭长高铁、衢九铁路横贯全境，衢宁铁路于2020年9月27日正式通车，在衢州逐步形成"米"字型铁路枢纽，是全省首个县县通高铁（动车）、高速公路的地级市，区位优势愈发凸显。衢州坚持借势借力、开放开发，着力打开有形、无形两个大通道。有形大通道就是由高铁、高速、航空、航运等构成的现代综合交通网络体系，其中杭衢高铁建衢段已于2020年3月全线开工，计划 2023 年运营通车，届时衢州与杭州的时空距离将缩短至 40 分钟左右，实现枢纽接枢纽、西站通西站、高地到高地、通达变通勤。无形大通道就是杭衢创新合作机制，打造杭衢山海协作升级版，全面融入杭州都市圈、创新生态圈，加速杭衢同城化、一体化，2018 年 10 月 25 日正式加入杭州都市圈。

衢州是一座创新活力之城。1985 年从金华地区分设，复建地级市。30 多年来，经济社会发展取得历史性成就、发生历史性变革，全面建成小康社会取得阶段性成果。2020 年，全市实现生产总值 1639.1 亿元、增长 3.5%，增幅列全省第三位，是近七年最高位次。固定资产投资增长 7.7%，出口总额增长 6.4%，增幅分别列全省第一和第九位。一般公共预算收入 140.9 亿元、增长 2.8%，城乡居民人均可支配收入 49300 元、26290 元，分别增长 5% 和 7.6%；增幅分列全省第一和第二位。十项主要经济指标中，有 8 项增幅在全省实现进位。平安建设实现 14 连冠。以"最多跑一次"改革为"牛鼻子"，撬动全方位、各领域、深层次改革，努力打造中国营商环境最优城市，在 2018、2019 年全国营商环境评价中，衢州在各地级市中均列第一位。在国家发改委发布的《中国营商环境报告 2020》中，衢州被评选为 15 个标杆城市之一。以"最多跑一次"改革为牵引，做实做细做深做优党建统领基层治理这篇大文章，加快构建"县乡一体，条抓块统"高效协同治理格局。努力打造中国基层治理最优城市，"雪亮工程"成为全国标杆，和阿里共建的城市数据大脑 2.0 让城市更智慧，基层治理体系和治理能力现代化水平不断提升。坚定不移走以集聚人才集聚青年为导向，以山水融合、生态宜居为特色，以配套完善能级提升为核心的新型城市化道路，谋划推进南孔古城、历史街区、核心圈层·城市阳台、高铁新城·未来社区、南孔古城·历史街区"小三城"和智慧新城、智造新城、空港新城"大三城"规划建设，重点打造综合交通、商贸物流、教育医疗、绿色金融、人才集聚、美丽经济、数字经济等七个方面的"桥头堡"，努力建成一座特色鲜明、独具魅力的江南水城市、生态宜居城市、创新活力城市。大力发展美丽经济幸福产业、数字经济智慧产业，阿里、中兴、网易、安恒、深蓝科技、华为、海康威视、浪潮等互联网领军企业纷至沓来，电子科技大学智慧小镇和浙江大学共建浙大工程师学院衢州分院、浙大衢州研究院开工建设，"村播学院"落地，树兰医院签约，与叶檀财经、温州医科大学、浙江中医药大学、武汉卓尔开展合作，产业创新探出新路，创新驱动生态体系日益健全。

这城、这山、这水组成了现代城市的美，闪现出未来城市的发展路径，更

孕育出中国驻阿尔巴尼亚大使徐以新、中国工程院院士郑树森、世界羽毛球冠军黄雅琼、奥运冠军占旭刚、影视演员周迅等一大批高素质人才，为国家社会经济的发展做出了衢州贡献。

第二节 "南孔圣地"的形成与发展

为传承中华儒学，目前在世界各地建有很多孔庙、孔子学院。特别是台海两岸华人集中的地方，研究传承儒家思想的组织和场所更多。但被冠以孔子家庙的，世界仅有两处，一处在山东省曲阜市，一处在浙江省衢州市。

衢州孔氏南宗家庙位于衢州市柯城区新桥街中段北侧，占地 14000 平方米，建筑面积 7490 平方米。是孔氏后裔授礼传学近 900 年的地方，是南孔文化的发源地。

据相关史料记载：南宋建炎二年（1128 年）秋，宋高宗于扬州行宫郊祀，孔子第 48 世孙、衍圣公孔端友（字子交）及从父、中奉大夫孔传奉诏侍祀。

祭孔大典

衢州市南孔古城一角

嗣后，金兵大举南下，锋芒直指淮扬，高宗群臣仓皇南渡。在从父孔传的支持下，孔端友奉端木子贡手摹"孔子及亓官夫人楷木像"、北宋政和年间所颁铜印，率近支族属扈跸而南，辗转数千里，于建炎三年（1129年）底来到今浙江衢州。宋高宗驻跸临安后，孔端友携从父孔传等谒阙上疏，"叙家门旧典及离祖丧家之苦"，因功赐家衢州，以奉楷像。南渡的孔子后裔遂在衢州安家落户，孔氏遂有南北宗之分。

南宋一朝，包括孔端友在内，孔氏嫡派先后有孔玠（字锡老）、孔揩（字季绅）、孔文远（字绍先）、孔万春（字耆年）、孔洙（字思鲁）等六人承袭衍圣公，史称"六代公爵"。

元氏改物，世祖忽必烈诏"议立孔子后"，确认"寓衢者乃其宗子"。至元十九年（1182年），孔子第53世孙孔洙奉诏入觐，世祖令其载爵回曲阜承祀。孔洙以先祖庙墓在衢，固让爵于曲阜族弟孔治，且以母老乞南还。世祖赞曰："宁违荣而不违道，真圣人后也。"（见《续资治通鉴》）授孔洙为国子监祭酒，提举浙东学校，并予护持林庙玺书，正宗之罢封由此始。

南宗"公爵"虽让，而孔子之道始终未违。南宗族人以此为契机，坚定地走向民间，致力于平民教育，或为学官，或为山长，前后相望，为儒学南渐、理学北传做出了贡献。

为"崇正道，植元气，不使泮涣分违，俾南北子孙，均沾恩典"，明弘治末年，衢州知府沈杰，缘于"南渡""让爵"等史实，疏请援例复爵。明廷遂于正德元年（1506年）诏授孔子59世宗子孔彦绳为世袭翰林院五经博士，秩正八品，享受衍圣公次子待遇，孔氏南宗又重获袭封。自此，南孔文化更加兴盛。

包括孔彦绳在内，明清两代孔氏南宗先后承袭了15世翰林院五经博士。民国改元，废翰林院五经博士，改称南宗奉祀官，以庆仪为首任。其子孔繁豪，字孟雄，1924年继任。1935年，南京政府下令废爵，改称"大成至圣先师南宗奉祀官"，以简任职待遇。1947年，孔子第75世孙孔祥楷（字子肇）继任大成至圣先师南宗奉祀官。

1993年，时任沈阳黄金学院副院长孔子的第75代嫡长孙孔祥楷，应衢州市政府邀请回衢州任孔氏南宗家庙管委会主任。

2004年，在孔祥楷的努力下，在衢州孔氏南宗家庙举行了新中国成立后的第一场祭孔大典，引起了海内外的广泛关注，开启了传承南孔儒学的历史新阶段。

第三节 品牌的形成

衢州有好山、好水、好人，又有很好的历史文化资源，但由于缺乏科学有效的宣传推介，使这位早该畅游四海的绝色"仙女"长期扮演着久居深闺人不识的"宅女"角色。三年前，走出浙江省，很少有人了解衢州。许多人把衢州读成"翟"州。20世纪90年代，一位京城记者应邀到衢州参加活动，竟误买了到江苏徐州的车票，提前在徐州下车。

2016年11月，徐文光走马衢州市，担任市长职务。这位在富阳市委书记任上便重视打造城市品牌，将富阳赋能为"富裕阳光之城"的学者型干部，进入衢州后便一直在思索如何解决衢州城市宣传的"生、僻、冷"问题，为城市注入新的生命力，让城市品牌亮起来、活起来、热起来、大起来。

功夫不负有心人，2017年初，徐文光市长陪同一名客商在衢州考察，一路

衢州市南孔古城一角

上大家从经济聊到城市，又从城市特色聊到城市品牌，中途休息时，大家又从"多彩云南""好客山东"聊到衢州的南孔文化特色，来访客商建议说："既然衢州要打南孔文化牌，何不从传承儒礼入手，在学校、机关等窗口单位统一礼仪规范。"

徐文光灵机一动，脱口而出："好啊，那就叫衢州有礼！"

在场的所有人先是一愣，沉寂数秒后，大家都如梦初醒般一致叫好。历史永远定格在那一瞬间，衢州加快发展的大幕，便从那一刻拉开。

2017年3月11日，徐文光要求市旅委尽快拿出"衢州有礼"的旅游品牌打造计划。

3月14日，衢州市《调查与思考》专刊刊发《关于打造衢州有礼区域品牌的若干思考》，徐文光作了专题批示。

4月13日，徐文光再次在市旅委上报的《衢州有礼课题研究团队相关情况汇报》上批示，要求深化具体解决方案。

4月27日，衢州市政府召开第一次"衢州有礼"品牌策划会。

5月11日，衢州市人民政府举行新闻发布会，宣布以"衢州有礼"作为衢州旅游品牌，启动"全球免费游衢州活动"。

2018年3月27日，衢州市召开第七届人民代表大会第三次会议，将"南孔圣地·衢州有礼"作为衢州市城市品牌，写入《政府工作报告》。

7月23日，衢州市委常委会研究决定："南孔圣地·衢州有礼"为衢州城

市品牌；品牌标识为作揖礼图案；城市吉祥物是"快乐小鹿"；城市卡通形象是"南孔爷爷"。

　　7月25日，衢州市召开建市历史上第一次城市品牌发布会。

衢州城市

第二章

品牌内涵

第一节 品牌主题——"南孔圣地·衢州有礼"

城市品牌是城市名片，是一座城市独有的符号和气质，是城市的风貌和内涵的集中展现，是城市政治形象、经济形象、文化形象、生态形象的客观展示，是城市综合竞争力的培育点、爆发点和制高点。精准提炼并科学使用城市品牌，就找到了城市的"根"和"魂"，选准了加快城市发展的切入点和着力点。

衢州市城市品牌经反复提炼，归结为"南孔圣地·衢州有礼"。

"南孔圣地"浓缩的是衢州市的区位和历史，文化特色。衢州地处钱塘江源头，"居浙右之上游，控鄱阳之肘腋，制闽越之喉吭，通宣歙之声势"，区位特殊，四通八达，是一座具有1800多年建城史的生态绿城，又是一座影响深远的历史文化名城。正是因为800多年前以孔端友为首的孔氏后裔自北南迁，安家衢州，便在衢州这片充满生机的土壤上布下了中华儒学的种子，生根、发芽、开花、结果，渐成为"南孔文化发源地"，成就了衢州市民的重德守礼，成就了江南的儒学、儒道，繁荣了江南的中华文化。这就是衢州的"根"之所在。

"衢州有礼"彰显的是城市之"魂"，是城市精神，展现的是独特的城市风貌。"衢州有礼"体现的是衢州人的自信，是知礼、懂礼、用礼、传礼当仁不让的底气。衢州是南孔文化发源地，每一个衢州人都应是最先得到儒家文化熏陶、最先认识儒家文化精髓、最先在中华传统文化中受益的人。有礼走遍天下，衢州人就做天下最有礼的人。

"衢州有礼"体现的是衢州人的自我激励。我是衢州人，不知礼、不守礼，就对不起"衢州人"这个称谓。为弘扬博大精深的中华传统文化，为传承影响深远的儒学，为了衢州的昨天、今天和明天，每一个衢州人都应该从我做起，从现在做起，共同将衢州建成"最有礼的城市"。

"衢州有礼"体现的是衢州人的自我约束，"衢州有礼"的品牌等于在每一

衢州城市新貌

个衢州人面前放了一面镜子，让你无时无刻不在观察镜子中的自己："你今天有礼吗？""你现在有礼吗？"又在每个人身边放了一把尺子，让你时时丈量自己的言行是否有礼。当你准备随手扔掉手中的纸屑、果皮时；当你准备随地吐痰时；当你拿起笔准备在墙上胡涂乱画时；当你稍不顺心准备对人动粗时；你马上发现这种行为不合"礼"，并马上改过来，使你成为"有礼"的人。

"衢州有礼"体现的是衢州人的自我提升。每个衢州人不仅要做天下最有礼的人，还要善于把"有礼"用到学习上，掌握更多的知识，日有所进，业有所长，做有礼的攀登者；把"有礼"用在日常生活中，时时讲文明、讲礼貌、讲卫生、讲秩序、讲道德、尊老爱幼、亲朋友邻，做有礼的文明者；把有礼用在工作中，积极进取，爱岗敬业，做好每一项工作并勇于创新创造，做有礼的劳动者。

"衢州有礼"体现的是衢州人的自我奉献。博大精深的中华传统文化，我们不仅要积极传承，更要弘扬光大。衢州人要将中华传统文化同现代科学技术相结合，让传统文化成为振兴区域经济，拉动城市发展的现代生产力；衢州人要在精心培育"衢州有礼"、不断提升"衢州有礼"中探准路径，优化成果，做好传递，努力为"衢州有礼"走向"中国有礼"做出"衢州贡献"。衢州人还要努力加大"衢州有礼"的海外推介力度，将贴有中国标识的"衢州有礼"

灵鹫山国家森林运动小镇入口

城市品牌推向国际舞台，在全球城市品牌的建设发展中，争取更多的中国话语权。

"衢州有礼"首先要礼待历史。努力让"南孔文化发源地"在中国、在世界文化的交融发展中发挥更大的作用，放射更加灿烂的光芒。在这方面，衢州市委、市政府重点抓了六项工作：一是高标准修缮孔氏南宗家庙，全力将家庙打造成南孔文化的金字招牌，打造成传承、传播中华优秀传统文化的重要基地，打造成开展优秀传统文化学习、教育、观摩、交流的现代阵地；二是全力支持孔氏族人搞好祭孔大典，以此彰显党和政府传承先进、包容百家的宽广胸怀和致力中华传统文化复兴的坚强决心。吸引海内外孔氏后裔和一切饱学有识之士，寻根问祖、报效家乡；三是高标准修复南孔古街，以衢江为界，将衢江以西规划为南孔古街，将衢江以东规划建设成现代衢州。南孔古街保留衢州老街的原始风貌，按修旧如旧的标准修复周宣灵王庙、神农殿、天妃宫、罗汉井、陈弘墓、天皇塔等40多处文化古迹。规划区内的所有建筑均按历史原貌修复，青石板路、古青砖墙，房顶飞檐走兽，室内宫灯摇曳，游客从衢江来，自水亭门拾级而上，在小商小贩的叫卖声里，走进古街小巷，仿佛一下穿越到远古的集市中；四是定期组织中国·衢州国际孔子文化节和中国·衢州国际儒学论坛。请各地文化精英讲儒学，论文化，为衢州的发展献计献策；五是促进南北孔文化的交流和融合，主动同尼山世界儒学中心、曲阜市联系，促进南北孔学的联络、互动，努力形成南北孔学互融互学的常态化，提升孔子儒学在国

衢州城市新貌

内外的影响力；六是探索建立中华儒学传播、教育国际化的联合舰队，实现儒学教育产业的集团化发展。努力将现已分布在世界各地的孔子研究学会、孔子学院联合起来，统一国际儒学教育教材，统一培训国际儒学教育师资，促进中华国学在全球的进一步弘扬光大。

"衢州有礼"要礼待自然。老祖宗为衢州人留下的最大遗产，是衢州人举目可见、伸手可及、人人享有的绿水青山。正是因为继承这份遗产，衢州人才捧上了金山银山的金饭碗，有了健康生存的环境、加快发展的基础、超越先进的底气。为了充分发挥这份遗产的倍增效应，衢州人始终坚守科学、生态、健康、可持续的经济发展观，确立"活力新衢州，美丽大花园"的发展定位。分别拟定了都市版大花园建设的《行动纲要》，乡村版大花园建设的《指导意见》。突出"大花园＋大平台＋小花园""目的地＋集散地""重大交通基础设施＋重大公共服务配套设施"，建构"全域山水城＋美丽城市＋美丽乡村＋美丽田园"的秀美空间新格局，争取实现全区5A级生态景区全覆盖，让每一个走进衢州的人每一步都走在5A级公园里，每一刻都生活在秀美山水中，让整个衢州时时有诗有画、处处是诗是画、人人如诗如画。

"衢州有礼"重在礼待社会。社会是一个有机体，每个人都是机体上鲜活的细胞。机体要和谐，细胞要健康。

衢州建造"有礼社会"首先从提高人的素质，规范人的"礼行"入手。经广开言路、多方征求意见，最终确定了"八个一"的城市文明规范：

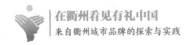

一座车让人的城市；

一座自觉排队的城市；

一座烟头不落地的城市；

一座使用公筷公勺的城市；

一座行作揖礼的城市；

一座不随地吐痰的城市；

一座没有"牛皮癣"的城市；

一座拆墙透绿的城市。

为弘扬有礼新风，衢州市每年都组织"最美衢州人"的评选，表彰鼓励"最美衢州人"，让"最美衢州人"的故事走进报纸，走上电视，成为城市靓丽的风景线。

有了"最美衢州人"还要培养"最美家庭"。衢州市有关部门定期组织"好媳妇""好公婆""好妯娌""好邻居""好家庭"的评选和表彰奖励。让有礼的新风吹遍社会的每一个角落。

有了"最美衢州人"，还要引进"最美衢州客"。千方百计让海内外有识之士，在"礼"的吸引中走进衢州、认知衢州、热爱衢州、建功衢州。为了让每一个有心投资衢州、建设衢州的客人以最快的速度融入衢州，衢州提出了要做到"审批事项最少，办事效率最高，投资环境最优，企业获得感最强"的要求，推出了"最多跑一次工作法"。让每一位投资衢州的创业者，人人乘兴而来、满意工作、快乐生活、成功建业。一位海归创业的衢州人，一次到柯城区办理税务申报业务，因不到上班时间，等待时顺手在自己微信朋友圈发了一条信息，谁知这条信息发出 5 分钟后，柯城区招商局干部就打来电话，询问了解情况，10 分钟后，柯城税务局局长安排的税务工作人员赶到，顺利帮她办理了业务。

2018—2019 年，国家发改委组织了两次地级市营商环境调查评价，在接受评价的全国 293 个地级市城市中，衢州市连续两次名列第一。

有了"最美衢州人"，还要有最坚强的基层组织引领。衢州市认真学习"枫桥经验"，"瞄准打造中国基层治理最优城市"的目标，从选一个好书记、配一个好班子、完善一套好制度、制定一个好规划、绘就一张好蓝图、干出一番好事业、稳定一方好局面、创造一套好经验入手。全面加强基层干部的培训、教育，全力推进基层组织的治理、整顿、建设。提高了全市基层组织的整体战斗

衢州江山市江郎山

力。龙游县东华街道张王村，过去是在全区出了名的"难村""乱村"，干部群众严重对立、矛盾重重、上访不断。村支书袁平华上任后，经过调查分析，发现干部群众长期缺乏沟通，不明真相的群众心不明、眼不净、气不顺是矛盾的根源。他有针对性地在手机上开发了一个软件——"村情通"，大事小情都在"村情通"里公示，消除了群众的猜疑，拉近了干群之间的感情距离。使这个村很快由"乱"到"治"，由后进村变成了先进村。

"衢州有礼"也要礼待自我。路在人走、事在人为、业在人创、人在引领，人的因素第一。要充分激活人的潜在动能，为社会做出更大贡献，首先需要人有一个健康的身体。"金钱、事业加爱情，没有健康等于零"。为全面提高衢州人的健康水平，衢州市投入大量资金完善提高了各级医疗服务水平，分级开办了健康讲座，在基层普及了健康板报，倡导了保健操、自由舞、太极拳等健康文明的保健活动。衢州人的保健意识、健康水平均有了明显提升。

"衢州有礼"还要礼待未来。既要充分做好跨进新时代、迎接新挑战、建设新业态、开启新生活的准备，努力乘科学、技术巨变之势提升能力，完善自我，加快发展。又要注意涵养有限资源、活化现有资源、发挥资源的无限张力，满足人民生产、生活的广泛需求，畅享改革开放、经济发展带来的成果，为子孙留下可借力发展、持续发展的厚重基础，努力让明天的衢州更美好，明天的衢州人更幸福。

第二节 品牌标识——作揖礼

以衢州地图，孔子行礼图为核心创意元素，将"南孔圣地·衢州有礼"城市品牌主题巧妙融合。衢州地图衍化为作揖礼的手势，以最直观的手礼形象，代言"礼"文化的博大内涵；以最直观的地图载体，将衢州市现辖六个县（市、区）融合为一体。结合黄绿蓝的渐变色系，表现拥有纯净阳光、绿水青山、多彩田野的活力新衢州的美丽大花园意境。体现全市人民以礼为魂、同心同德、齐心协力共建新时代新衢州的精神内涵。

第三节 品牌卡通形象——南孔爷爷

"南孔爷爷"是结合现代设计理念推出的Q版卡通孔子。发髻为书画卷轴，代表他的思想博大精深；浓眉遮眼的形象，在众多卡通形象中独树一帜，代表孔子具有渊博的知识和积极入世的精神；心形的胡须造型，则代表孔子只要有心向学，都可入学受教的思想。双手作揖，表示记"礼"于心、示"礼"于人、传"礼"于社会。颜色采用灰色系和黄色系，寓意辉煌。

第四节 品牌吉祥物——快乐小鹿

自古以来，鹿是祥瑞的象征。鹿所代表的品德，与孔子所推崇的儒家思想"仁、义、礼、智、信、温、良、恭、俭、让"一致。快乐小鹿身着中国传统服饰，代表中国传统儒家文化，向外传递的是中华传统文化元素；紫色服装，寓意"紫气东来"；二眉上举，双目如铃，展示的是青春活力，朝气蓬勃，体现的是衢州人民美好幸福生活的状态，以及活力新衢州，美丽大花园的发展愿景。

第三章
品牌行动

第一节 决策

2018 年初，对衢州市委而言，绝对不是一段平静如水的日子。

2017 年，通过一位客商闲聊时的偶然启发，提炼出"衢州有礼"的城市品牌主题，但接下来的日子并不轻松。由于对许多基层干部而言，城市品牌还是一个全新的课题，大张旗鼓地推起来，会不会得到各级干部的支持？会不会收到预期的效果？思考再三，市委最终还是采取了投石问路的办法。先是安排市旅委做调研，写出调研报告，后又决定将为衢州市量身定制的"衢州有礼"品牌，作为衢州旅游品牌试行推广。

转眼一年过去，"衢州有礼"作为旅游品牌，已推出效果、推出了影响力，但打造城市品牌在全市全面工作大局中应该如何定位？加大城市品牌建设力度应加大到何种程度？各级干部对全力打造"衢州有礼"城市品牌的认知度有多高？市委仍需用心观察。

于是，市委、市政府相关部门进一步加大了对"衢州有礼"城市品牌的调研论证力度。市委、市政府开始利用各种机会，做"衢州有礼"城市品牌的宣传推介，观察各方反映。时任衢州市委书记的徐文光利用一次进京办事的机会，约见了我国城市品牌专家、中国城市报社有限公司副总经理常亮。

从常总那里了解到：2014 年习近平总书记在河南省考察时，首次提出了推进"中国制造向中国创造转变、中国速度向中国质量转变、中国产品向中国品牌转变"的战略思想。

为落实习总书记"三个转变"的重要指示精神，国务院批准了原国家质检总局等多部委的联合请示，同意由原国家质检总局牵头，组建中国品牌建设促进会。

接着，经中国品牌建设促进会推荐，在财政部支持下，由中国城市报社牵头，成立了中国城市品牌价值提升研究课题组。经过课题组的努力，中国第一个城市品牌评价国家标准——《品牌评价 城市》(GB/T35779–2017)国家标准，终于在 2017 年 12 月 29 日，由原国家质检总局、国家标准化委员会正式颁发并实施。

依据《品牌评价　城市》国家标准，国家统计局、国家信息中心和国家相关部委提供的数据，中国城市报社、中国城市品牌研究院于 2018 年 5 月 26 日，发布了中国城市品牌评价地级市前 100 名城市名单。随后对全国地级市、县级市城市品牌评价结果分别进行了接续发布。

在北京的短暂停留，徐文光书记至少得到如下信息：（一）全面提升城市品牌价值已上升到国家战略；（二）我们国家已经正式出台了《品牌评价　城市》国家标准；（三）开展城市品牌的分级评价将成为国家的一项常态化工作；（四）越是经济发达城市越重视城市品牌工作。

以上这些信息说明，近两年，衢州市在城市品牌创建方面的所思、所谋、所为符合国家的政策。

想对了，走准了，底气充足了。

接下来怎么干？

经市委研究决定由市委宣传部牵头负责城市品牌打造工作。

一、成立专班

市委把全面推进城市品牌创建作为衢州市的引领性工作。非常任务，就采取非常方法。决定此项工作由市委宣传部牵头，成立"衢州市城市品牌打造专班"，具体负责全市城市品牌的谋划、落实、推进工作。

根据工作需要，以市委的名义，从市委、市政府相关职能部门抽调 7 名年龄在 40 岁以下，学历在大学以上，有基层工作经验、有激情、有热情、有责任心、有担当、热爱城市品牌打造工作的年轻干部为市城市品牌专班工作人员。

大家方向明、任务清，工作推进声势大、效果好，成就感、获得感强，每天"虽苦而快乐着"。

2020年9月27日衢宁铁路开通，首趟"衢州有礼"1433号旅游专列上，城市品牌打造专班成员李振华和旅客们通过有奖问答城市品牌小知识的方式进行互动，受到旅客们的追捧。

衢州知情者对城市品牌打造专班的评价是："他们既是正规军，又是野战军，既是全市城市品牌打造工作的参谋部，又是突击连、先锋队。"

衢州城市品牌打造工作，荣获"浙江省宣传思想文化工作创新奖"。城市品牌打造专班被衢州市委、市政府命名为"市先锋战队"。

"专班"工作机制被推行到衢州市其他重大任务的攻坚中。

有人说它是"微政府"，职能部门高效协同；有人说它是"突击队"，迎难而上善啃"最硬的骨头"；也有人说它是"试金石"，磨砺干事创业的真功夫。

2020年底，衢州市本级共有专班32个、专班干部260余名。仅2020年下半年，各专班共推进市级以上重大项目41个，全市固定资产投资增速居全省第一位。

衢州市级专班分为重大改革创新、重大项目推进、重大专项工作、重大历史遗留问题处置四大类，都是难度大、时间紧或亟须创新突破，且单个部门难以完成的事项。

如同好钢要用在刀刃上，专班汇聚精锐力量。衢州市委组织部相关负责人介绍，根据专班需求，市委及时从全市优秀干部和年轻干部人才库里匹配人选，并把专班干部培训纳入干部年度培训计划，提升专业能力。据统计，衢州市本级32个专班的干部中，40岁以下的占66%，三分之一以上具有专业技术职称，三分之一以上有从事财政金融、项目建设、城市规划等工作经历。

哪里需要攻坚，哪里就有专班。在专班推动下，一窗受理、集成服务"最多跑一次"改革、"县乡一体、条抓块统"试点等一批重大改革破题见效；四省边际中心医院、电子科大长三角研究院等一批重大项目顺利推进；创成联合国"国际花园城市"、全国文明城市等一批重大专项工作成效明显；饮用水源地牛头湾自然村整村搬迁、斗潭危旧房整体改造等一批重大历史遗留问题得到成功处置。

市级专班的领导小组组长都是市领导，有的专班还是市委书记、市长担任组长，内部涵盖重点项目涉及的所有职能部门人员，"四大办"代表政府做好统筹协调服务，相当于为每个重大项目专班配备了一个小型"市政府"。

衢州市委主要负责人说，专班制不变体制动机制、不变职能强功能，通过"统筹整合联动、跨界打通融合、扁平一体高效"，解决跨部门、跨领域、跨层级问题，实现资源力量整合、整体高效联动，体现"整体政府、统一政府、一个政府的理念"。

衢州的专班制因重大项目和任务而生，并非一成不变。有的项目和任务一结束，专班就及时撤销；有的因为任务具有长期性，专班一直延续下来，还积极根据新阶段新要求迭代升级。

构建新发展格局，推动高质量发展，衢州市着手优化专班的制度设计。对专班干部实行单列考核、单列评优，一批综合表现出色的专班干部还得到提拔重用。同时动态调整不适合专班工作的人员，市级专班已有34名干部因表现不佳而退出岗位。去年起，衢州市又对每个市级专班实行一月一分析、一月一评价，更好实现正向激励、反向倒逼。

二、按需定支

衢州市城市品牌打造专班成立之初，在拟定城市品牌打造方案时，往往瞻前顾后，放不开手脚。一次在向市主要领导汇报工作时，领导说：你们可以视野再开阔一点，放眼再长远一点，气魄再提升一点。

专班领导说：我们主要是担心资金不好落实。

领导说：你们只谋划事应该怎么做，怎么做才能影响更大，效果更好。不要考虑钱的问题，钱的问题由我来考虑。我当你们的后盾。该花的钱，再多也要花，不该花的钱，再少也要精打细算。

三年来，衢州市在城市品牌打造和推介工作中，几乎动用了全市各级干部，深入全市每一个市民心中。"衢州有礼"的品牌标识，占据了衢州市区和

县（市区）、乡（镇），农村的边边角角，无所不入、无所不在。走出衢州，天上飞的，有"衢州有礼"专机；水里游的，有"衢州有礼"的邮轮；四通八达的高铁上，奔驰着多列"衢州有礼"的专列。"衢州城市品牌推介"团队，在市主要领导带领下，已走遍祖国大江南北的 20 多座知名城市。

如此全方位的工作，如此立体式多方位的宣传推介，的确动用了全市各级干部大量的人力、精力，投入了大量的财力，效果怎么样呢？

中国城市报社联合清华大学和腾讯、网易、百度等大数据企业自 2018 年以来，已连续组织了两次对全国 293 个地级市城市的城市传播热度评价。第一次，衢州市在前 100 名之外，第二次不仅闯进了前 100 强，而且排序在第 54 位。

由中国城市报社和中国城市品牌研究院牵头，依据《品牌评价 城市》国家标准和国家统计局、国家信息中心、国家相关部委提供的权威数据，自 2018 年初以来，已连续组织了三次全国城市品牌地级市评价，在全国 293 个地级市城市中，第一次评价，衢州市与前 100 名无缘；第二次评价，衢州市大步跨入前 45 名。第三次评价，衢州市晋升到第 35 位。

2018—2019 年，国家发改委连续组织了两次全国地级市城市营商环境的调查评价，衢州市均名列第一位。

2020 年 6 月 4 日，中央文明办公布了 2019 年全国文明城市测评结果，在全国 141 个地级提名城市中，总测评分值衢州市居第四位，群众满意度衢州市名列第二位。

在经济发展方面，多年来衢州市在浙江省的位置一直处在"八姐九弟"的后位，2020 年第三季度，在 10 项经济考核指标中，衢州市有三项指标突进到全省第三位。

2017 年前，衢州市人口一直是向外流动的，2018 年 6 月开始出现人口内向回流。2020 年第三季度，衢州市在册流入人口增幅 30.3%，居浙江省第一位。

看着以上一组组数据的变化，再想想三年来在城市品牌打造和宣传推介中所付出的艰辛，衢州干部众口一词——"值！"

三、分级共振

（一）市级单位按职能分条划块共建共管

中共衢州市委、衢州市人民政府从衢州市城市建设发展的实际出发，围绕全面提升衢州城市品牌价值的主题，将城市品牌打造的宣传推介逐级分解，制定《南孔圣地·衢州有礼城市品牌打造方案》；面向全球征集"南孔圣地·衢州有礼"城市品牌 LOGO 形象和城市吉祥物设计方案；筹建"南孔文化研究院"，"加快南孔古城的复兴"，"建设南孔文化书屋"；策划举办"国际儒学论坛"，"创建礼仪之城规范标准体系"；探索创新基层"儒学治理模式"，"规范全民文明礼仪行为"；"建设衢州有礼全域旅游信息平台"，"向全民推广规范作揖礼"；开发"衢州有礼"微信公众号；开展"衢州有礼"创建功臣、"衢州有礼好人"评选表彰活动等 136 项具体任务。按各单位的职责，分别分解到市委办、市政府办、市委宣传部、市委组织部、市文明创建办公室、市委编办、市旅委、市文联、市文化广电局、市直机关工委、市社科联、市国资委、市发改委、市住建局、市自然资源和规划局、市财政局、市协作办、市商务局、市科技局、市市场监管局、市农业局、市总工会，市妇联、团市委、市教育局、市贸促会、市委网信办、市交通运输局、市民航局、衢州日报报业传媒集团、衢州广电传媒集团、衢州市孔子文化管委会、铁路衢州站等 36 个市属行政事业单位、企业管理单位和驻衢单位。实现了事事有人管、事事有人做，所有单位都有责任。每个责任单位一把手为第一责任人。每件事均明确了基本要求和完成任务的时限。

（二）县（市、区）乡（镇）按区块分级联创

在城市品牌打造和宣传推介工作中，坚持同频共振、分级联创。把城市品牌的主题、口号、形象设计、主创功能等资源统一整合，将市本级和各县（市、区），市（县、区）所属各乡（镇、办事处等）统一谋划，一体设计，在"南孔圣地·衢州有礼"的总体框架下，突出各自特色，融入各自工作。统一内涵定位，统一宣传标识，统一宣传推介，闪现各自亮点，形成"衢州有礼·运动柯城""衢州有礼·康养衢江""衢州有礼·天下龙游""衢州有礼·锦绣江山""衢州有礼·慢城常山""衢州有礼·根缘开化"等子品牌。各县（市、区）在开展子品牌的宣传推介中，首先是对"衢州有礼"主品牌的宣传推介，这样就可以在全市城市品牌宣传推介工作中，增加宣传频次，引爆更多的宣传亮点。带

动了城市品牌打造和宣传推介工作的城乡联动。带起了乡 / 镇和农村。使"衢州有礼"在进校园、进窗口、进企业、进医院、进社区的同时，也走进了农村的千家万户，推进了乡村移风易俗、新事新办、农房整治、生态绿化、农村增美、农业增效、农民增收等工作。

（三）全市人民共同参与，共建共享

中国共产党人的根本宗旨，就是全心全意为人民服务，我们所做一切工作的出发点和落脚点，就是让人民满意，让人民充分享受工作成果。

"南孔圣地·衢州有礼"，传播的是中华优秀的传统文化，打造的是"有礼"之城。如果这个城市实现了"烟头不落地""不随地吐痰""没有牛皮癣""车让人""自觉排队"，城市环境美了，秩序好了，衢州人民是最大的受益者；如果这个城市普及了"作揖礼"，普及了聚餐"使用公筷公勺"，首先被保护的还是衢州人，首先受益的还是衢州人。

我们为衢州人畅享文明、快乐、幸福的新生活而战，首先要让衢州人知情，让每一个衢州人民知道那么多单位、那么多机关干部，每天忙忙碌碌、辛辛苦苦，他们在做什么？他们这样做的目的为什么？于是，衢州各级干部就把"南孔圣地·衢州有礼"的各种宣传标识贴满了衢州的大街小巷；于是，衢州的电视、广播、微信公众平台便经常播发专题宣传，讲这样做的目的意义，讲这样做对社会、对家庭、对我们每一个人的好处。

衢州人渐渐明白了，明白后的衢州人开始行动起来，主动说"有礼"的话，做"有礼"的事，当"有礼"的人，加入"有礼"的队伍中。于是便有了衢州市优美的环境，在衢州城乡树立起"有礼"的文明新风。

第三节 督导

为及时了解情况、发现典型、总结经验、鞭策后进、促进工作，衢州市在品牌建设推进中，重点完善了三项督查指导机制。

一是领导督查，市主要领导，各专项工作的分管领导，不定期深入基层现场调研。召开专题工作研讨会，请各项工作的分管领导现场汇报工作推进情况，

以及存在的主要问题，并提出下步工作的意见和建议。对工作中存在的突出问题，由主管领导现场拍板，就地解决。对工作推进不力的单位和个人，当场批评、限期解决。或印发督导通报，公开点名批评。这样做的结果是，帮助积极工作的同志，扫除了工作障碍，为他们撑了腰，鼓了劲。而对那些工作不积极、不主动、工作推进不力、任务完成不好的同志，则是一次鞭策和驱动，使这些人一见领导便面红心跳，汇报起来支支吾吾。逼着他们学习先进，找准突破点，赶上全市的整体推进步伐。

二是"有礼指数（CI）全指标测评"。衢州市精神文明建设委员会负责把各项创建任务逐项量化，分区块制作成衢州市"有礼指数（CI）全指标测评体系"。由市文明办、市城市品牌打造专班牵头，市相关部门配合，依据测评体系，对各单位、各县（市、区）"衢州有礼"工作的推进情况进行逐项评分，以总分值评价被考评单位的工作。

这项测评体系包括思想基础、有礼品牌、有礼之星等 8 个方面，分区块和部门两个版本。区块版由 25 项测评内容、80 条测评标准组成；部门版含 24 项测评内容、45 条测评标准；另外还设定了区块版 10 条、部门版 8 条负面清单。测评总分为 1000 分，其中实地考察 700 分，问卷调查 300 分。

实地考察内容包括"有礼品牌""有礼教育""有礼秩序""有礼环境"和"有礼机制"五个一级指标，涵盖"城市品牌融入""文明实践"等 11 个二级指标。

实地考察以暗访为主，不打招呼，不要陪同，不接受地方接待，不搞突击迎检，不干扰基层工作，不增加基层负担。测评人员直接进入测评现场，对照标准，逐项评定分值。

问卷调查由国家统计局衢州市调查队负责，问卷调查内容包括"城市品牌知晓率""有礼创建参与率"和"主观评价满意度"。随机问卷、保密填写、密封保存。

每次测评结束后，依据实地测评和问卷调查结果，逐单位核算分值，同类单位按总分多少，逐单位排出名次。并由测评组根据测评结果，写出分析报告，指出存在的主要问题，分析存在的问题原因。同各县（市、区），市直各单位测评分值、名次一并向社会公示，接受全社会的监督。

三是通过天眼工程随时曝光不雅现象。衢州市已经实现了实时监控全覆盖。对天眼中发现并记录的"乱扔烟头纸屑""开车闯红灯""随地吐痰"等不雅行为，通过衢州电视台等新闻媒体定期公开曝光。

为及时了解借鉴城市品牌创建工作的先进经验，衢州市采取内部相互观摩、走出去学习和请进来研讨等多种方式，开展城市品牌创建实践及经验方面的交流。

衢州城市品牌宁波推介会

内部相互学习观摩由市统一组织观摩，一般在城市品牌创建的关键和节点时段，为帮助基层开阔视野，找到最有成效的打造路径。市打造专班便组织各市（县、区）负责城市品牌创建工作的领导同志，集中 2–3 天的时间，统一行动，集中到各县（市、区）了解创建情况，掌握具体的创建效果。通过县（市、区）之间工作的集中展示，发现创建工作的亮点，了解创建工作的"热点"，分析助攻创建工作的"难点"，促进了全市工作的平衡推进。

也有县（市、区）和市直各责任单位间的自主相互观摩。当集中创建工作任务重、压力大时，为选准工作的突破点，减轻压力，少走弯路，工作暂处后进阶段的县（市、区）或市责任单位。会通过了解，主动同工作先行一步的县（市、区）或其他市责任单位联系，到先进单位现场观摩、学习经验、校正并促进本单位的工作。

走出去学习一般由市领导带队，借到先进发达城市宣传推介"南孔圣地·衢州有礼"城市品牌的机会，观察被推介城市品牌创建的特点，主动向他们索要相关材料，充实丰富自我。也有定点定向学习的情况。2020 年，徐文光书记就曾亲率衢州市党政代表团，先后到福建省宁德市考察城市规划、建设和管理；到江西省上饶市考察高铁新区建设。

请进来研讨。仅 2018 年，市委、市政府就连续组织了"衢州有礼"大讲堂，2018 新时代文化旅游发展大会、南孔大讲堂、衢州人发展大会等多项重大活动。请中共浙江省委、浙江省旅游局、省文化厅、省人大常委会的领导同志亲临衢州，为衢州经济发展和城市品牌打造工作把脉问诊、指导帮助。

在这些学习交流中，看到了别人的闪光点，发现了自己的薄弱点，克服了盲目自足、小功即喜的思想倾向，组织开展了对衢州发展基础、发展优势再审视，对"南孔圣地·衢州有礼"城市品牌内涵的再认识、再提升的讨论，进一步增强了各级干部打造衢州一流城市品牌的底气。

第五节 联创共享同增辉

衢州市在城市品牌打造和宣传推介工作中，坚持上下一体、联创共享，在"衢州有礼"总品牌的统领下，各县（市、区）结合各自特点和工作实际，精心设计和打造突出地方特色的子品牌，如"衢州有礼·运动柯城""衢州有礼·康养衢江""衢州有礼·慢城常山""衢州有礼·根缘开化"等。县（市、区）所属的乡（镇）和行政村，参照这一办法，也提炼打造了各自的地方品牌。如"衢州有礼·书香大陈"（江山市大陈村）和"衢州有礼·诗画余东"（柯城区余东村）等。

这样做的结果，全市形成了"一盘棋"，品牌主题、口号、吉祥物、卡通形象等城市品牌资源可以统一使用，统一宣传，提高了城市品牌的宣传力度，扩大了城市品牌影响的覆盖范围，提升了品牌宣传效果，使"衢州有礼"的品牌影响力更加深入人心。各级在打造各自子品牌时，承袭了"有礼"的基准元素，突出了地方特色，使广大群众更感亲切，更易接受，更有助于推动全市各项工作的扎实开展。

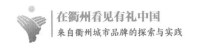

一、衢州有礼·运动柯城

"南孔圣地·衢州有礼"承载着衢州的过去、现在和未来，也承载着衢州的精神气质和价值理念。作为衢州市的主城区、"南孔文化"的发源地，柯城区在打造"南孔圣地·衢州有礼"城市品牌中，始终秉承以人为本的理念，紧紧抓住市民素质这一关键，真正让"南孔圣地·衢州有礼"体现在日常生活中，做到人人有礼、处处见礼。

重教化，全民学礼。2018年7月1日，柯城区在南湖广场隆重举行"全民学礼"启动仪式，正式发布了具有柯城特色的有礼标准规范体系——《柯城礼规》，掀起了"全民学礼"热潮。《柯城礼规》涵盖了包括机关干部、市民、村民、网格员、医生、教师、学生、职工、企业家、商家、司机等在内的各行各业，通过对仗工整、朗朗上口的短句，将"有礼"规范以易学易记的方式固化下来，让大家学有所据、行有所依，推动寻礼、学礼、明礼、践礼成为全社会的自觉行动，有效唤醒了广大市民的"文明有礼"意识。

展形象，处处见礼。全面推广应用"衢州有礼"标识系统，让"礼"的元素随处可见。2018年以来，柯城区在大街小巷综合整治中，打造了花园巷"百字礼"特色小巷、长竿街礼规文化墙等一批"有礼"特色街巷；结合创文公益广告设置，在商业街区、商场超市、广场公园、居民小区等点位，制作了一批以"礼"为核心内容的景观式小品，不仅极大改善了环境面貌、提升了城市"颜值"，也让广大市民群众随时随地接受"礼"文化的熏陶。在农村文化礼堂里、在乡村音乐会上、在森林运动赛事中……"衢州有礼"始终相伴相随，"一座最有礼的城市"日渐深入人心。

创文明，人人有礼。文明有礼，密不可分。"一座最有礼的城市"，必然是一座最文明的城市。柯城区紧紧抓住创建全国文明城市的契机，以"红手印"志愿服务为引导，让文明有礼的风尚成为"南孔圣地"一道亮丽的风景线。当志愿者站岗淋雨时，素不相识的大哥和大姐把雨伞留给了他们；半夜看到垃圾桶倒在路上时，路过的小伙默默地捡起散落在地的垃圾；高温天，一个个由商户或居民设立的"爱心取水点"为高温下的劳动者带去了"温暖"的凉意；八旬老人深夜腹痛，下夜班回来的热心居民把她送到了医院……如今，斑马线前礼让、垃圾不落地、见天才抽烟等"有礼"之举，已经成为越来越多市民群众的共识。

促和谐，和睦邻礼。"礼"要根植于百姓，才能迸发出强健的生命力。为推动"礼"走进居民心中，柯城区在信安街道恬静苑社区试点基础上，着力打造了"礼事阁""礼驿站""礼商圈""礼讲堂"等四大平台，以礼促治、以礼睦邻、以礼服商、以礼化人，治出了城市基层好"邻礼"。特别是策划举办的"邻礼节"活动，通过开展"和谐百家宴""邻里帮帮团""邻里学习小组""邻礼话文明""邻礼读书乐"等活动，有效提升了居民群众的文明有礼素养，增进了邻里之间的和谐氛围。

春风化雨，润物无声，"礼"就这样潜移默化地渗透到了这座城市的角角落落，渗透到每一位居民的心中。打造"一座最有礼的城市"，柯城不会缺席，柯城始终在努力！

二、衢州有礼·康养衢江

衢江区在转型升级，创新融合工作中，打响"衢州有礼·康养衢江"城市品牌，加快提升城市软实力和竞争力，为建设"活力新衢州·美丽大花园"和打造"一座最有礼的城市"擦亮衢江品牌、贡献衢江力量。

"有礼＋营商"，创造最优发展环境。围绕最优营商环境区的建设目标，大力推进投资项目审批等各方面改革，优化流程。改进工作作风，在招商引资、企业发展中提供"不叫不到、随叫随到、服务周到"的五星级服务。同时深化后续的配套服务，将开发区管委会搬迁入园，完成涉工部门进驻开发区集中办公，确保企业办事不

联合国前秘书长，博鳌亚洲论坛理事长潘基文（中）在衢州市衢江区参加第二届世界针灸康养大会

出园，全面实现"部门围着开发区转、开发区围着企业转、企业围着项目转"，推进全流程审批中心筹建工作，目前已将"多证合一"事项拓展到28项，建筑工程施工许可信息化管理系统运用成为常态。

"有礼＋产业"，壮大优势发展品牌。以世界食品安全创新示范区、富里农村综合改革试验区、新田铺田园康养综合体三大项目为抓手，深入推进世界食品安全创新示范基地建设，立足"放心食品·衢江有礼"，积极推广有礼品牌，借助中农办和省农办实施乡村振兴战略双联系点这一平台，打造有文化、有内涵、有生命力的放心食品。积极对接彭胜文教、荷鹭牧业等本地知名企业，在企业活动资料、产品设计上融入有礼标识元素，使有礼品牌与产业营销互相支撑。

"有礼＋文明"，全面提升创建水平。创建全国文明城市是提升城市品位、提高民生福祉的重要工程。除了要求城市建设和管理水平要有新提升外，更重要的是要提高市民文明素质。衢江区坚持把"礼"字融入文明城市创建工作的全过程，以规范文明行为和提高综合素质为着力点，大力实施市民素质提升工程，先后组织开展"文明礼让斑马线、党员干部带头行""助力乡村振兴、争创文明城市、争当有礼少年"文明单位结对共建美丽楼道等活动，累计发动8000人次参与，形成"人人参与、人人共创"的良好格局。

"有礼＋礼堂"，筑牢基层精神家园。紧紧围绕"文化地标，精神家园"的目标，在农村文化礼堂展陈设置上推陈出新，专门设置有礼村民板块，通过村民提议、村委会按村规民约要求审议、村民代表表决以及公示的流程推选出有礼村民，以图片、文字等形式，生动形象展示本村道德模范，为农村精神文明建设找到了新亮点。全区120个村涌现出了许多有礼村民。通过在群众中宣传，树立典型，引领广大村民改变陈规陋习，鼓励全社会积善成德，为新农村精神文明建设奉献自己一分力量。

三、衢州有礼·天下龙游

成立龙游市民有礼监督团。首批共招募各行各业市民监督员75人，组建5支有礼监督分队，实行"固定＋机动""定点＋定时"相结合，通过领导带队、群众监督、部门跟进等方式，常态化开展文明监督行动，实现"龙游有礼"全覆盖渗透。

有礼广告铺设，营造龙游有礼氛围。结合省示范文明县城复评和衢州有礼主题宣传，全方位铺开公益广告，做到全城处处见礼。目前在城北杭金衢高速路口、金星大道·晨北小区等地实现公益广告全覆盖，并将公益广告宣传与"文

龙游市景

明餐桌""文明旅游""文明交通"等相结合，彰显城市有礼形象，使有礼理念深入人心。

巡回举办"衢州有礼·礼在乡村"农房管控主题宣传活动，龙游县为推动"南孔圣地·衢州有礼"在龙游落地，打造"有礼乡村"，结合农房管控和风貌提升工作在全县15个乡镇街道开展系列主题宣传活动。制定并发布"乡村有礼"公约，评选有礼家庭，用通俗易懂、朗朗上口的语言倡导村民和谐邻里，传承文明、遵守法纪和相约美好未来的愿景，让"礼"走进千家万户。

创新开设龙游有礼讲堂。遴选"最美龙游人"代表、优秀礼仪导师、文明志愿者等8人，组建"衢州有礼"龙游宣讲团，并选取"家风家训传承、国学教育、传统礼仪"等主题进行"有礼"宣讲，普及礼仪知识，传习文明之风，目前已举办"有礼"专题报告会3场，通过有礼人讲述有礼故事、有礼人传播有礼之风，推进"衢州有礼"在龙游落实落细。

全市首发龙游《市民有礼公约》。内容涵盖"孝敬之礼、交往之礼、餐桌之礼"等13个有礼细节，并积极开展《龙游市民有礼公约》系列推广活动，通过举办"志愿情、庆国庆、有礼风、龙天行"《龙游市民有礼公约》首发开幕式，广泛宣传公约内容，营造人人学礼、人人有礼氛围。

扎实推进学习型城市建设，举办"衢州有礼从阅读开始"第五届全民阅读

节。创设"衢州有礼·全民阅读"电台悦听栏目，广泛开展流动朗读亭阅读体验、"书香家庭"评选推荐、全民朗诵大赛、谷雨诗会等12项文化活动，参与群众近万人，有力地推动了"书香龙游"建设。

服务农村未成年人群体，深化"衢州有礼·暑期来吧"主题活动。在原有基础上重点突出"有礼"教育，举办"吾（五）有礼"大行动：写"有礼"标语、绘"有礼"书画、唱"有礼"之歌、签"有礼"承诺、践《有礼公约》，争当有礼龙游人。累计举办主题活动100余场，服务未成年人1.5万多人次。

研究制定有礼指数测评体系和龙游有礼考核办法。积极搭建"衢州有礼"创建载体，以构建"衢州有礼"创建体系、引导全社会知礼、学礼、守礼为目标，针对乡镇部门、家庭等不同层面对象，研究制定有礼乡镇、有礼村庄、有礼家庭、有礼小区、有礼农户等一系列有礼测评细则，完善出台有礼指数测评体系。依据2018年度全县综合考核办法要求，牵头制订具体考核办法及各项具体目标，合理设置考核分值，确保目标量化、责任细化、工作考评制度化。

四、衢州有礼·锦绣江山

江山市紧扣"衢州有礼"城市品牌打造在江山的实践，以省示范文明城市复评为契机，充分发挥宣传职能优势，做好理论阐释、做亮舆论宣传、做优文化融入、做实文明实践，引导广大干部群众成为新时代文明礼仪的传播者、弘扬者和践行者，有力助推"衢州有礼"在江山的实践，不断提升公民文明素质和社会文明程度，为加快推进江山大花园建设提供有力的精神支持。

一是做好理论阐释，形成"衢州有礼"共识。利用江山大讲堂、市民讲坛、"最美微讲堂"等宣讲阵地，邀请专家学者、优秀宣讲员作"文明有礼"专题讲座，做好理论阐释，传播有礼新风，共开展各类宣讲60余场次。专门下发《关于开展"衢州有礼·锦绣江山"系列主题活动的通知》，深入实施"有礼"八进行动，推进礼仪进校园、进机关、进窗口、进企业、进医院、进社区、进乡村、进网络，开展"衢州有礼"大家谈活动670场次，使全市上下对"衢州有礼"有了进一步了解和认识。专门组织社科理论界专家举办"衢州有礼·锦绣江山"专题研讨会，为"衢州有礼"深入推进提供理论指导，凝聚社会共识，着力提升城市软实力和竞争力。

二是做亮舆论宣传，营造"衢州有礼"氛围。整合传统媒体资源和新媒体

稻艺"衢州有礼·锦绣江山"

方阵，开设"衢州有礼·文明江城"专栏，广泛宣传"衢州有礼"城市品牌打造的背景、内涵和实施路径，营造浓厚舆论氛围。实施户外公益广告工程，投入200余万元对城区公交站点、广场、公园及各主干道、重要交通节点进行"衢州有礼"公益广告布置，共更新公交站点126个，制作大型户外公益广告牌12块，灯箱等小型公益广告10000余幅，形成了"衢州有礼"文明标语公益广告随处可见，文明新风扑面而来的格局。加大外宣力度，将"衢州有礼"标识融入文化旅游活动、第三届微电影颁奖典礼等重大活动背景画面以及外宣手册、外宣品中，不断提升城市品牌知名度。

三是做优文化融入，丰富"衢州有礼"内涵。专门印发《关于开展江山市"衢州有礼·文明出行"系列活动的通知》和《关于开展"衢州有礼"进农村文化礼堂"四项活动"的通知》等文件，举行"衢州有礼·文明出行"主题活动启动仪式，在全市铺开"衢州有礼"实践，截至目前，全市共开展各类衢州有礼系列活动达2万多场次。加强文化礼堂"礼"文化培育，常态开展启蒙礼、婚庆礼、壮行礼等礼仪活动，成功打造大陈汉婚、清漾祭祖等以"礼仪"为亮点的示范文化礼堂。排演以"有礼"这主题的"一台戏"，在全市开展巡回演出56场，以文化人、以礼感人。建设"有礼"阵地，将迎宾广场、虎山广场

建设成为"有礼"广场，同时建成"衢州有礼"城市书屋 2 个，有效丰富了"衢州有礼"的内容和形式。

四是做实文明实践，拓展"衢州有礼"形式。以新时代文明实践中心试点建设为契机，要求各乡镇街道、村社区在家风家训、最美评选等乡风文明建设中有机融入"衢州有礼"元素，让"有礼"文化扎根基层。培植文明创建"衢州有礼"基因，深入开展"有礼"文明创建行动，共选出"有礼"文明镇 5 个，"有礼"村庄 46 个，评选"有礼"家庭 1270 家，用典型带动"衢州有礼"在基层遍地开花。与市委组织部、机关工委联合，制定《江山市市直机关党建工作责任制考核办法》，做好党员"有礼"示范，将"有礼"家风等纳入党员干部考核测评体系，引导党员干部模范践行"有礼"文化的同时用考核指挥棒促进党员干部摒弃不文明行为，提升党员干部素质形象。

五、衢州有礼·慢城常山

常山县认真落实打造"南孔圣地·衢州有礼"城市品牌要求，充分发挥各类宣传阵地作用，努力将礼让、礼治、礼仪等各类"有礼"元素像空气一样无处不在，真正做到人人有礼、处处见礼。

结合"南孔圣地·衢州有礼"城市品牌打造，充分发挥农村文化礼堂在弘扬传统文化、引领乡风文明等方面的阵地作用，已有 32 家文化礼堂布置了"有礼"文化展陈，如紫港街道渣濒湾村融入儒家"三纲五常"，建成"有礼"文化长廊，招贤镇象湖村将《二十四孝》故事布置在礼堂中，起到了极大的宣教作用，新昌乡黄塘村将有礼旅游、有礼娱乐、有礼排队等"有礼"宣传标语树立在文化礼堂以及旅游景区周围，大力倡导文明行为。打造 7 个"有礼"主题展馆，着力提升了全县农村文化礼堂的建设品位。积极开展"有礼"活动，共开展农村文化礼堂传承礼、敬老礼、成人礼、崇德礼等"十礼"活动 45 场，打造"有礼"文化走亲联盟，开展乡镇（街道）文化礼堂"有礼"文化走进千家万户。

坚持思想先导，舆论先行，全方位、立体化造强声势，乘势而上。以省级文明城市复评迎检工作为契机，召集 30 家广告公司，开展公益广告标准培训，融入"南孔圣地·衢州有礼"城市品牌。启动宣传横幅、宣传橱窗、宣传栏及宣传资料制作工作，制作宣传扇、环保袋，印制公益海报、卡通文明提示牌。

灵鹫山

在各类城乡客车、公交车、出租车贴公益宣传，不断丰富宣传载体。继续抓好浙江新闻客户端常山频道、常山发布以及广播电视等县级各类新闻媒体刊播，开设专栏、策划"有礼红黑榜"，进行正反面宣传，形成"电视有影、报纸有字、居民有言、广播有声"的宣传态势，特别是集中曝光一批小区乱停车破坏绿化带、垃圾乱倒乱放等失礼行为，取得了良好的整改成效。

积极落实"衢州有礼"，大力开展"我们的节日"等系列活动，引导群众弘扬优秀传统文化，崇尚道德传统。大力弘扬孝善文化，积极打造"孝老之城"，广泛开展"幸福爷爷·快乐奶奶"行动，通过人大立法设立"5·20"常山敬老日，开创全国县级城市先河，为全县6.7万老人谋福祉。大力破除陋习，开展"十大陋习"评选活动，共计7000多人次参加评选，最终从41个备选陋习中，选出市民最厌恶的乱扔乱倒垃圾、乱泼污水、乱贴广告等"十大陋习"。同时，联合相关职能部门对陋习进行集中整治，在全县上下形成节俭养德、文明理事、出入有礼的文明新风尚。

六、衢州有礼·根缘开化

开化紧紧围绕习近平总书记"让南孔文化重重落地"的重要指示精神，在"衢州有礼"城市品牌总框架下，以"衢州有礼·根缘开化——开化是个好地方"为抓手，将"城市品牌打造"纳入全县15项攻坚任务，开源化流，深植细耕，

让"有礼"在开化蔚然成风，为"好地方"添彩聚力。

发布公益广告。在城市重要节点和商业街、主要干道等区块精心设置，形成特色公益广告群景观，共设置"衢州有礼"品牌标识400多条；结合全国文明城市提名城市创建，在城市围墙、工地、公共场所等地设置"衢州有礼"宣传标语、主题墙绘；将"有礼"融入商业主干道建设，共打造9条"有礼一条街"。

推广公益车贴。组织开展"衢州有礼·根缘开化——开化是个好地方"公益车贴推广活动，全县108辆长途客运车、所有公务车均张贴公益车贴，1500多名开化市民和200多名开化在外乡贤响应倡议，在私家车张贴公益车贴，为"开化好地方"代言。

开发文创产品。设计定制"衢州有礼·根缘开化——开化是个好地方"资料纸袋作为各类活动指定用袋；面向全国公开征集首届"衢州有礼·根缘开化——开化是个好地方"旅游商品文创大赛筛选出47件文创设计稿，其中品牌设计类26件，商品包装类21件，并在首届开化美食文化节活动中推出"清水鱼宝宝"卡通形象；在各类活动中活动手册、会议资料、纪念品中广泛植入"衢州有礼"形象标识。

引入品牌赛事。举办2018年全国男子举重冠军赛、2018开化钱江源国家公园马拉松赛、"衢州有礼·开化来赛"系列赛事、2018开化龙顶春茶半程马拉松、浙江省审计机关干部职工第十届运动会、2018"上海美人鱼"快乐垂钓冠军杯总决赛外卡赛等赛事。

融入文化节庆。举办第七届中国（开化）根雕艺术文化节暨第二届"一带一路"国际根艺文化交流周，组织开展各类乡村民俗文化节庆活动，组织开展"有礼大舞台"群众文艺活动。在丰富群众精神文化生活的同时，将"有礼"潜移默化地植入城乡百姓的灵魂深处。

融入文明实践，开展"礼行开化"行动。常态化开展党员未礼让斑马线通报工作，目前已通报27期1109人次党员未礼让行为。组织党员上路劝导未"礼让斑马线"不文明行为，组织满分学习驾驶员、志愿者上路进行劝导，组织人员达1142人；通过媒体曝光交通违法行为达3600余起。

探索"乡村礼化"模式。开展以"衢州有礼·礼行开化"为主题的"我们的节日"活动180余场次，在全县98家农村文化礼堂开展了万家农村文化礼堂庆丰收"系列活动，开展了"感恩父母""邻里守望"等主题志愿服务活动，

江郎山

取得了良好的社会反响。充分利用 36 支县级实践志愿队、15 支乡镇实践志愿分队和255 支村级实践小队的优势资源、开展健康义诊、清洁家园、戏曲演出、暖心关爱等志愿服务工作，开展活动 300 余场次，参与群众 1.6 万余人次。

培育"待客礼遇"风尚。出台了民宿和农家乐"待客礼遇"标准，在民宿农家乐业主和从业人员中大力普及接待礼仪、服务礼仪、出行礼仪、交往礼仪等文明礼仪知识，提升民宿农家乐的服务水平。开展"待客礼遇"星级评比工作，全县参评的 66 家民宿农家乐中有 36 家达到三星级及以上服务标准。

第四章

品牌宣示

第一节 让品牌元素占领城乡

一、目标全群体

城市品牌事关城市全体人群，品牌效应是全体市民共有的无形资产，好的品牌效应全体市民共享，好的品牌效应靠全体市民人人参与、共同打造。打造优势城市品牌，必须从提高全体市民的品牌意识抓起。

同是一条男人的领带，为什么在集市的小摊上几元、十几元就可以买到一条，而在北京、上海的超级商场里，一条金利来领带却卖到数百元，甚至数千元？这就是产品的品牌效应。有知识、有涵养、有经验的消费者在购买牛奶产品时，为什么首选伊利集团生产的"金典"，蒙牛集团生产的"特仑苏"？这是企业的品牌效应。地是同一个地球，天是同一片蓝天，房都是相同的材料、相同的结构，为什么大城市同中小城市，中小城市同小城镇之间的房价差别巨大？这就是城市品牌的效应。提升衢州城市品牌价值，就是要让每一个衢州人因"我是衢州人"更自豪，因"我是衢州人"更富有，因"我是衢州人"更受人尊重，扬眉吐气。

衢州人加大力度创建城市品牌，首先从转变人的观念入手，不仅要提高衢州干部的认识，还要提高衢州每一个市民的认识。全体衢州人人人做"有礼"的人，时时做"有礼"的事，衢州人"有礼"了，"衢州有礼"了，衢州城市品牌的价值就提升了。

二、传播多渠道

衢州在宣传城市品牌打造工作中，动员了所有的社会资源、政府资源，利用了一切可以利用的方式：

——逢会必讲。在全市各级别、各层次、各类人群参加的政务会议上，在民间集会、社会活动中，每一个上台讲话发言的人，上至市委书记、市长，下至普通市民，都必须先行作揖礼。无论是工作会议、商务活动还是民间交流，都少不了一项重要内容——宣传"南孔圣地·衢州有礼"的城市品牌。

——视屏有影、广播有声。衢州市各级新闻媒体、自媒体，开播必由"南孔圣地·衢州有礼"切入。所有媒体都在其重要位置、重要时段，安排"衢州有礼"的专题节目，报道全市城市品牌打造工作的新思路、新要求、新进展；采访宣传"衢州有礼"的好人、好事、好典型。让每一个衢州人，每一位在衢州居住的人，时时在接受"衢州有礼"的洗礼。

——让"南孔爷爷"笑迎八方客。全市各级政府、各企事业单位和民间团体，先后制作了20多万套"衢州有礼"宣传标识，"南孔爷爷"卡通形象和"快乐小鹿"城市吉祥物。无论你选用何种交通方式，从什么地方来衢州，只要你走进衢州，第一眼看到的必是衢州人以特殊的作揖礼欢迎你；接受衢州人送来的第一份厚礼，必是博学多礼、涵养丰富、谦和洒脱的南孔爷爷拱手礼欢迎你。

——书写衢州新画卷。组织"衢州有礼"创作大赛，共收到各类文创作品500多件，其中非遗短视频作品39件，吸引70余万人参与投票。精选其中作品制作成石雕、木刻、草编、有礼雨伞、有礼公筷公勺、有礼钥匙扣等城市伴手礼。编印《三衢道中·诗意美文集》《美衢如许·风光摄影集》《衢州风物·形胜名迹集》等"衢州有礼"系列图书。组织"衢州有礼"摄影大赛，共收到摄影作品5600多件，将"衢州有礼"永远保存在衢州人的记忆里。

——唱响衢州新变化。邀请著名军旅歌唱家刘子琪歌唱《衢州有礼》，并拍摄制作成MV，在央视15套音乐频道播放。

2018年8月13日开始，衢州市面向全国开展"南孔圣地·衢州有礼"城市主题歌曲征集活动，经多轮评选，从330件应征作品中评出11件获奖作品。其中，金奖空缺，银奖作品两首：《爱上一座有礼的城》（施翔词、牟丹曲）和《南孔圣地·衢州有礼》（鲁克词，龚稼慧曲）；铜奖作品三件：《衢州有礼》（牟学农词，蔚东鸟曲）、《我们衢州是圣地》（梁和平词，龙伟华曲）和《一座最有礼的城市》（陈道斌词，罗其鹏曲）；优秀奖六件：《以礼相邀》（袁晨光曲，孔玉曲）、《衢天下》（薛震词，朱在刚曲）、《美丽中国，衢州有礼》（王振云词，范家慧曲）、《一座最有礼的城》（陈道斌词，李赫曲）、《愿在衢州度流年》（王天宇词，谢少华曲）和《衢州有礼》（龙黎明词，段家银曲）。

《爱上一座有礼的城》歌词是这样写的：

走过千里，

走过万里，

只有你"东南阙里"。

春暖花开，人人和气，

深深铭刻在我的梦境里。

先贤文明，东方盛誉，

悠悠滋养在我的生命里。

爱上一座有礼的城，

温良恭俭，衢州有礼。

遇见你，喜欢你，

让我也变得有情有义。

爱上一座有礼的城，

厚道谦让，衢州有礼。

眷恋你，守护你，

让我也变得十分美丽。

活动结束时，衢州对获奖作品进行了隆重的表彰奖励。

——南孔书屋，书香衢州。在城区建书屋确属正常。但不同的是，衢州的书屋统一冠名为"南孔书屋"。为确保书屋质量，提高书屋建设和管理水平，让广大阅读者进得来、留得住、看得好、收益多，衢州市专门为"南孔书屋建设与运行规范"研制了 DB3308 浙江省衢州市地方标准。该标准从"选址要求、规划建设、布局设计、馆藏文献、服务设施、服务内容、人员配置、文献管理、制度管理、安全管理、服务监督、绩效考核"等 13 个方面一一细化要求。并明确南孔书屋"坚持政府主导和社会参与，开发全民阅读公共资源，构建全民阅读保障机制，推动形成全社会共建共享格局"。

有了这套衢州模式的书屋建设管理原则和标准，就决定"衢州南孔书屋"与其他城市书店、阅览中心的不同。

截至 2020 年底，衢州市已建南孔书屋 50 多处，其中开化、龙游等市辖县（市、区）建设近 20 处。书屋实行 24 小时自助式阅读，书屋内同时提供茶水、点心、打字、复印等配套服务，是爱书人的图书室，在校学生的"加油站"。

时任衢州市委书记徐文光在考察南孔书屋时说："衢州是一座最有礼的城市，衢州人要成为最有礼的人。最有礼的人就要爱读书、读好书。我们打造南孔书屋，就是要通过推进全民阅读，丰富衢州人的脑袋，彰显衢州城的魅力，叫响城市品牌。让每一个衢州人的身体和灵魂，同时在上坡的路上。让全民阅读，书香满城，运动健身，全民健康。"

——让衢州形象高起来。为发挥城市品牌宣传推介中的名人效应，衢州市充分挖掘本地名人资源。隆重聘请衢州姑娘，世界羽毛球冠军黄雅琼为衢州城市形象大使。聘请中国工程院院士、中国医学会副会长、肝胆胰外科、肝移植专家郑树森，浙江省衢州第二中学校长、全国"五一劳动奖章"获得者、享受国务院特殊津贴专家潘志强，全国人大代表、柯城区人民医院副院长陈玮，柯城区航埠镇新山村老党员贵海良、中国好人、全国道德模范

衢州籍羽毛球世界冠军黄雅琼受聘衢州城市形象大使

提名奖、全国诚信之星毛师花，衢州东方集团党委书记、董事长潘廉耻，享受国务院特殊津贴的著名文学作家毛芦芦，全国模范退役军人、常山县人民医院退休干部胡兆富，浙江巨香食品有限公司总经理李香如，中共十九大代表、全国劳动模范、龙游县大街贺田村党总支书记劳光荣，浙江省工艺美术大师、衢州醉根艺品有限公司董事长徐谷青，新时代好少年、衢州市华茂外国语学院学生邵子衿，全国模范退役军人、江山市大陈乡大陈村党总支书记汪衍君，衢州最美司机、江山市快速客运公司司机毛志浩，全国技术能手、红五环集团副总工程师徐建雄等15位不同行业、不同领域的优秀代表，作为"南孔圣地·衢州有礼"城市品牌代言人。

黄雅琼在接受衢州城市形象大使聘任时郑重承诺：我一定积极行动起来，以有礼为导向，以文明为追求，自觉践行衢州市民公约，争做文明有礼衢州人，积极宣传推介衢州，宣传推介"南孔圣地·衢州有礼"的城市品牌。让"衢州有礼"浸透在灵魂里，体现在细微处，传播向全世界。

黄雅琼还以个人名义向衢州老乡发出了"文明有礼倡议书"：

文明有礼倡议书

　　南孔圣地·衢州有礼！衢州作为国家历史文化名城，千百年来儒风浩荡，崇文尚礼。近年来，市委市政府全力打造"南孔圣地·衢州有礼"城市品牌，有力提升了衢州城市的影响力和美誉度，成为衢州的专属名片和鲜明印记。

　　作为衢州城市形象大使，我提倡：每个衢州人行动起来，以有礼为导向，以文明为追求，自觉践行市民公约20条，争做文明有礼衢州人，让"衢州有礼"弥漫在空气中，浸透在灵魂里，体现在细微处，让美丽的衢州处处见礼、人人有礼，让每一位市民真正成为有礼城市的主人、花园城市的园丁，为创建全国文明城市、打造"一座最有礼的城市"共同努力！

2019 年 5 月 28 日

三、区位全覆盖

　　城市品牌向衢州市和其所辖的柯城区、衢江区、龙游县、常山县、开化县、江山市城区覆盖。在大街小巷、商场超市、宾馆酒店、公园广场、社区内外、文化礼堂等公共场所，处处有衢州人在施礼天下，处处见"南孔爷爷"在拱手迎客，处处见"快乐小鹿"在欢快地奔跑。随意端起身边的水杯，打开快递小哥送来的快餐盒，接过衢州人送来的名片，瞟一眼衢州朋友手里的手提袋、公文包、日记本，最吸引眼球的仍然是"衢州有礼"的标识。入住宾馆时刚按响门铃，接听衢州朋友电话时刚打开手机，首先听到的全都是"衢州有礼"的问候。

　　城市品牌向乡村覆盖。当你走在乡村的小路上，看一眼农民新房的白墙上，"南孔爷爷"仍先你一步向你行礼；就连农村老大爷吸烟的烟包上，农村姑娘身背的时尚小包上，仍可见"快乐小鹿"在向你跳跃、欢笑。你走进农家小院内，迎接你的老大爷拱手向你行礼，刚坐下，便听到隔壁刚放学的小姑娘，以清脆稚嫩的童音在唱"爱上一座有礼的城"。

城市品牌向衢州全市所有旅游景区景点覆盖。各景区景点内外首先欢迎你的还是那位不知疲倦的"南孔爷爷"。每一位导游对你的开场白，几乎异口同声："南孔圣地·衢州有礼欢迎您"。"衢州有礼"品牌是首先在旅游行业"试水"的，这一行业中的"有礼"气氛更浓。正是因"有礼"引领，2019年衢州市14个核心景区便接待游客483.7万人次，全市接待入境游客1869万人次，虽然各景点门票免费，旅游业直接收入仍跃升至595.8亿元，同比增长10%以上。据相关部门的调查，至2020年底，衢州市已成为海内外游客在中国生态旅游、历史文化游和众多城市品牌专家、学者进行城市品牌调研的首选目的地。

城市品牌向交通系统覆盖。衢州市所有客运车辆的车身、车内挡板、车拉手上，都千方百计印上"衢州有礼"的标识——"南孔爷爷"或"快乐小鹿"。随着这些客运车辆的运行，"南孔爷爷""快乐小鹿"，便把衢州人的"有礼"问候带向祖国的四面八方。

第二节 让品牌意识深入人心

衢州城市品牌的打造和宣传推介，不仅促进了衢州城市建设和管理，培养形成了衢州有礼的城市精神，使衢州城在新的政治、经济形势下，找到了加快发展、科学发展、可持续发展的"根基"和"灵魂"；同时，还进一步唤醒并强化了衢州人的品牌意识。

不容否认的是，自衢州人从北来的孔端友及孔氏族人那里提炼出"南孔"，后来进一步发展为"南孔圣地"那一刻起，衢州人的品牌意识就已经深入自己的骨子里。从古至今，从世界羽毛球冠军黄雅琼到空手打造出根宫佛国传奇的徐谷青，一个个身在衢州或走出衢州的衢州人，用各自不同的方式，打造了一个个品牌神话。市委、市政府在成就"南孔圣地·衢州有礼"城市品牌的同时，激活了衢州人潜在骨子里的品牌意识，推进了一个个衢州品牌故事的形成与发展。

一、APEC 峰会领导人身上的中国"礼"

2014 年 11 月 10 日，北京 APEC 峰会领导人集体亮相，领导人与夫人所穿的特色服装，引起了全世界的广泛关注。这套服装尊贵、高雅，既表现了中华文化的传统美，又凸显了现代流行的时尚美。突出了"中"为根、"礼"为魂、"新"为形的独到特质，被世界服装界公认为"很中国，很大气，很高贵"。

衢州人程明康，就是这套服装的设计师之一。他生在浙江省衢州市柯城区航埠镇，曾先后就读于浙江美术学院和浙江丝绸工业学院，毕业后毅然回衢州创业，曾多次获得全国服装设计大赛一等奖。

二、衢州的"甜蜜事业"

衢州是"世界花园"城市，全市森林覆盖率高达 70% 以上。树多、草多、花多，养蜂制蜜已成为衢州近年重点发展的一大产业。全市蜂群总数已发展到 30 万箱，年产值 17 亿元。

在城市品牌的全面推进工作中，衢州相关部门和广大蜂农看到了品牌的重要作用，他们从花草生态保护开始，不断扩大蜜源植物的种植，积极培养年轻蜂业人才，层层加强养蜂、制蜜、包装、销售等环节的技术指导、质量监管，确保养好蜂、产好蜜、卖好蜜，注重培养蜂业品牌。现已培育出两个国家级蜂产品标准化生产示范基地、两个中国驰名商标，"蜂溢钱江"土蜂蜜荣获"浙江省土蜂蜜十大名产品"称号。

三、神奇的根宫佛国

在衢州市开化县，有一个被称为根宫佛国的景区。说是景区，其实供人观赏的主要是用树根雕刻的艺术品。就是这些根雕组成的庞大根雕帝国，便成就了这里国家 5A 级旅游景区、国家生态文明教育基地、国家文化产业示范基地、中国最具特色的文化旅游胜地、中国十大休闲小城等一连串称号。国内一位知名度很高的珠宝专家参观了这个景区后十分感慨地说："这里的根雕现在是无法估价的资产，100 年后就是中华民族的珍贵遗产，300 年后，必成为享誉全

根官佛国景区

球的文物。"

　　这里根雕艺术品的突出特点，一是多，现根雕园占地 3.03 平方公里，已建有福门祥光、云湖禅心、集趣斋、天工博物馆、根雕佛国、醉根博物馆、历史文化长河、童趣园等 30 多个景点；已进园作品 5696 件，仅人物根雕就包括佛祖、500 罗汉、红楼梦人物、三国人物、水浒 108 将等众多系列。

　　二是大，其中最高的根雕高达 10 米，最长的群雕 680 米，最重的根雕释迦牟尼主佛，单根重达 40 余吨，产自中缅边境，仅跋山涉水，一路运来，就可想其艰辛刻苦。

　　三是精，那么多根雕作品，每一件都堪称精品，个个栩栩如生、活灵活现。有些人物的眼球可随灯光转动，有些动物的羽毛细密如发，犹如用真发栽植。

　　这个神奇根宫佛国的创办人，原是一名走乡串村、以为人修木桶为生的箍桶匠。他叫徐谷青，1966 年生于浙江省开化县林山乡梅岭村。初中毕业后辍学在家，一个偶然的机会，他接触了根雕艺术，第一次送自己的根雕作品参赛，便获得浙江省博物馆组织的全省民间艺术博览会唯一大奖——开拓奖。从此坚定了他从事根雕创作的决心，成就了他的根雕艺术事业。

　　他被浙江省人民政府授予省工艺美术大师称号，被联合国教科文组织命名为一级民间工艺美术家。

　　在他的影响带领下，开化县已有 2000 多人长年从事根雕艺术产业，年产值 15 亿元。开化县因此而成为"中国根雕之乡"。开化县城市品牌的主题亦因此确定为"衢州有礼，根缘开化"。

第三节 让"衢州有礼"走出衢州

一、品牌推介

衢州城市品牌宁波推介会

2018年8月4日,"南孔圣地·衢州有礼"品牌发布暨"全球免费游衢州"政策推介会在首都北京隆重举办,国家文化和旅游部、国家汉办、国家儒学联合会、中国品牌建设促进会、中国旅游协会等国家机关和社团领导到会并表示祝贺和支持,国家各主流媒体新闻记者、各旅行社团代表、衢州北京商会的代表出席。衢州市委副书记、市长汤飞帆在会上做了"南孔圣地·衢州有礼"城市品牌的宣传推介,对"全球免费游衢州"的时间、免费办法、衢州旅游的特色特点等一一做了宣传推介和政策解读。其他市领导傅根友、钱伟刚、吕跃龙等,就各旅行社、各旅客、各地投资者关心的问题,分别做了解答。

一石落水,百浪飞溅。全国各大媒体对这一宣传推介活动做出报道后,一股"衢州旋风"很快刮向了全国。知道衢州的人,重新勾起衢州美好的记忆,毫不犹豫地制订了再游衢州的计划;没到过衢州的人,被有礼的衢州,被衢州的好山好水吸引,一队队携亲结伴,走进衢州;许多海内外有识之士,看到相关报道后,引发了对衢州的兴趣,开始了对衢州的研究,拟定了走进衢州、了解衢州的计划,很多人从此成为衢州有礼的建设者;衢州的做法提醒了其他城市,许多城市群起而仿效,许多省级旅游管理单位直接拟定并印发了全省免费游景区景点的具体意见。

初战告捷，鼓舞了衢州人的士气，坚定了衢州市领导再接再厉、持续发力的信心。8月25日赴上海，10月13日下武汉，接下来又去了深圳、成都、杭州、西安、重庆、大连、沈阳、广州、宁波、曲阜等各大城市。2018年以来，衢州的宣传团队走遍了大江南北的20多个重点城市，"南孔圣地·衢州有礼"的声音回荡在大江上下、天山南北；衢州人以一个"礼"字，向全国各族人民带去了衢州人的问候，送上了衢州人的祝福；激起了学习传统文化，传承中华传统文化，弘扬中华传统文化的波浪。

二、立体宣传

2018年11月14日，乘坐杭州东发往金寨的G7564高铁的旅客有一个新的发现：这列车的车身外印着醒目而鲜艳的大字"南孔圣地·衢州有礼"和独特的作揖礼标识。走进车厢，车内座位的头片、桌贴、车厢海报、行李架等处，处处印着"衢州有礼""一座最有礼的城市"，内车身"一座最有礼的城市"大字下，以胜似仙境的衢州风景为背景，更让每一位乘车人产生无限遐想。

"衢州在哪里？"

"衢州是哪个省的？"

不熟悉衢州的乘客相互询问着。

"现在去衢州旅游免费呀！"一个小姑娘面对自己的手机大声说。这是她刚刚用百度查到的信息。

"骗人吧？哪有恁好的事？"

许多人不敢相信。

许多人打开手机，通过网络查询，大家得到了共同的答案："世界免费游衢州，这是真的！"

"世界免费游衢州是官方消息。衢州市市长在北京公开讲的。"

免费游衢州的消息得到证实，旅客们开始查衢州的词条。许多人内心自问："我要去衢州吗？""我什么时候去衢州？"

"我一定去衢州。"有的人暗暗下定决心。

这就是发生在从杭州首发的"衢州有礼"高铁上真实的一幕。

同时对发的还有G7566（金寨—杭州）、G7374次（金寨—江山）、G7371次（江山—金寨）、G46次（江山—北京南）、G37次（北京南—杭州东）。

这是"衢州有礼"品牌行动的又一重大举措。

接下来，2020年10月27日，首趟"衢州有礼"号专机抵达衢州，当晚，游客们顾不得旅途劳累，吃过晚饭便结伴夜游南孔古城。走在铺着青石板的窄街小巷内，看着一座座青砖黛瓦、飞檐走兽、宫灯闪烁、人头攒动的夜景，听着此起彼伏商贩的独特叫卖声，许多人忘记了时空，忘记了自我。特别是步入水亭门景区，穿过雄伟庄严的古城门，顺衢江遥望，江水溢彩，灯光织锦，南孔古城同衢江新城隔江而立，远古的神奇同现代的繁华定格在同一画卷上，江内灯光秀变幻的衢州仙境让人目不暇接。

"这里太美了！"

"就在这里一站，来衢州就值了！"

"下次我一定带孩子们一起来，再游衢州！"

游客们欢笑着，赞叹着，议论着。

一位游客即兴写了一首《夜游衢州水亭门》的诗，发到了微信朋友圈，当晚便有100多位微信好友为其点赞。

这首诗是这样写的：

衢江深深水无声，
两岸灯火大不同。
东岸宫灯照飞檐，
小巷窄窄人相拥。
东岸塔吊立如林，
星河璀璨闪霓虹。
南孔爷爷门前站，
有礼衢州乐太平。

"衢州有礼"号邮轮

2020年7月31日，"衢州有礼"号邮轮起锚破水，邮轮从衢州四喜亭码头出发，沿途经水亭门、信安湖、龙游石窟、严州府古城、七里杨帆、严子陵钓台、桐君山、富春山居图、钱塘江夜游等著名景点，一路欢歌到杭州。

至此，"南孔圣地·衢州有礼"立体宣传架构已经形成。

三、媒体造势

2019 年新春伊始，"南孔圣地·衢州有礼"同时登录中央电视台综合频道，新闻频道《朝闻天下》《共同关注》等栏目。

这是继《浙江日报》《湖北日报》《中国新闻周》《国际日报》《人民政协报》《人民日报》《中国城市报》、人民网等高端媒体对衢州城市品牌打造和宣传推介工作多次报道后，中央主流媒体对衢州、对"南孔圣地·衢州有礼"的再次聚焦关注。

四、平台发声

2020 年 5 月 22 日晚上，全国人大代表、柯城区人民医院副院长陈玮，通过《衢州日报》记者向衢州人民报告了一个振奋人心的消息："衢州有礼"已走进"两会"，并得到参会代表的好评。

作为"衢州有礼"的品牌代言人，陈玮始终把宣传"南孔圣地·衢州有礼"的城市品牌、宣传推广衢州作为自己的一项重要职责。接到参加十三届全国人大三次会议的通知后，她就精心准备，调查衢州的发展情况，了解各阶层人士的期盼，并重点搜集各界衢州人对"衢州有礼"品牌精神的认知。在调查了解中，许多基层干部群众向陈玮表达了将"衢州有礼"带进两会，让"有礼"精神为两会增辉的心愿。陈玮一一记在了心里。

衢州市领导带头行作揖礼

会议报到时，陈玮向所有接待人员行了作揖礼。接下来无论是吃饭，还是参加各种活动，陈玮见人必行作揖礼，并说："我是浙江衢州的代表。"会议休息时间，陈玮把提前精心准备的、印有"衢州有礼"标识的公筷公勺套装送给参会代表，并向他们解释，我们衢州人聚餐使用公筷公勺已成常态，许多村社已经

把"使用公筷公勺""不随地吐痰""不乱扔垃圾"等文明行动写进了村规民约。

代表们愉快接受了陈玮的特殊礼品，同时从陈玮见人必行作揖礼的文明举动中感受到一种不同寻常的文明春风扑面而来。他们对陈玮、对"有礼"的衢州留下了深刻印象。他们见到陈玮时，远远就亲切地喊她"衢州姑娘"，并学着陈玮的样子行作揖礼。许多人主动留下了陈玮的联系方式，再三表示："一定安排时间到衢州去。"有的领导干部还主动找到陈玮，了解衢州作揖礼的推行情况，了解"有礼"的变化。在会场内外，"衢州""作揖礼""公筷公勺"成了热词。

"衢州来的人大代表见人就行作揖礼"，这消息很快成为广大政协委员私下议论的热点。许多政协委员打听陈玮的具体情况，主动了解"有礼"衢州的情况。根据广大政协委员的建议，全国政协委员驻地的显示屏上，滚动打出了"南孔圣地·衢州有礼"的标识。《人民政协报》刊登专版："浙江衢州，全力打造一座最有礼的城市。"

五、从"衢州有礼"到"浙江有礼"

中共浙江省委、浙江省人民政府对衢州市着力打造"南孔圣地·衢州有礼"城市品牌，并以品牌引领促进衢州各项工作加快发展的成功经验给予了充分肯定和支持。

在2021年4月16日召开的浙江省宣传思想文化工作领导小组会议上，时任中共浙江省委书记明确要求：浙江省"在加快打造与社会主义现代化先行省相适应的新时代文化高地"建设中，"要提高文明示范能力，着力提升全民文明素养，加强诚信建设，提升全域文明创建水平，培育'浙江有礼'省域品牌"。

第四节　让"衢州有礼"走向世界

一、"衢州有礼"惊艳莫斯科

许多黄头发、蓝眼睛的俄罗斯人，结伴在衢州展厅里转来转去，主动向展厅人员要衢州宣传资料，要衢州工作人员的电话，并一再向衢州工作人员竖大拇指。看到这一幕，中国文化和旅游部部长雒树刚兴奋地说："衢州展厅做得很漂亮！"

这一幕发生在2019年6月6日，那天"俄罗斯·浙江文化旅游周"正式开幕。衢州是浙江省参加此项活动的唯一地级市。

"衢州有礼"首秀莫斯科，给莫斯科，给俄罗斯人留下了深刻的印象。2019年7月以来，衢州已接待来自俄罗斯的游客3800多人。

二、南孔爷爷亮相美国纽约

美国纽约时代广场是全球最瞩目的商业中心，广场中心的纳斯达克显示屏，被称为"世界第一屏"。

2020年，美国时间5月19日，"南孔爷爷"被请上"世界第一屏"。以其独有的方式，向世界人民问好，向世界传授博大精深的中国"礼"。

消息不胫而走，美国20多家媒体的记者，不约而同地涌向纽约时代广场，纷纷拍下

"衢州有礼"登上"世界第一屏"

南孔爷爷内蕴诗华、外显慈祥的中国形象，广场上行走的中国人都成为他们采访的目标。由"南孔爷爷"带来的中国"礼"、中国声音，久久在美国回荡。

"南孔爷爷"的设计者徐明说：我就是想借助南孔爷爷，向全球推广"南孔圣地·衢州有礼"城市品牌。将来，我们还要和万事利集团合作，共同打造国礼，加入国礼联盟，让南孔文化走向全球，让中国元素影响全球。

三、开普敦盛赞中国礼

2018年9月，衢州巨化拔河队代表中国参加室外拔河世界锦标赛。衢州小

伙伴们肩负着为国争光和传播中国"礼"双重任务。在整个赛事期间，每每集体亮相便共同行作揖礼，相互交流中，他们主动将印有"衢州有礼"的中国小礼物送给他国队员。赛场上他们一个个顽强拼搏，既生龙活虎，又彬彬有礼，受到主办方和参赛队员的共同赞誉。

为对中国队员表示鼓励，在 9 月 22 日的闭幕式上，主办方专门安排中国队员半个小时的集体展示。他们稍做准备，首先以团体作揖礼集体亮相，接下来分别展示了中国功夫和衢州有礼团体操，最后打出"衢州——最有礼的城市欢迎您"的红色条幅，并再次以团体作揖礼谢幕。

整个表演流畅紧凑，亮点纷呈，不时迎来场上观众的掌声和喝彩声，以中国声音将闭幕式推向高潮。

四、联合国秘书长赞誉"衢州有礼"

2018 年 11 月 2 日，由世界卫生组织、中国人民对外友好协会指导，世界针灸学会联合会、中国针灸学会、全球中小企业联盟、中国战略与管理研究会健康产业发展委员会、浙江省衢州市人民政府联合主办的第二届世界针灸康养大会在衢州市衢江区隆重开幕。

时任联合国秘书长、博鳌亚洲论坛理事长潘基文，韩国常驻联合国前副代表、韩国驻澳大利亚前大使金奉炫，中国工程院院士石学敏，以及主办、承办单位领导，国家相关部委领导和衢州市、衢江区的相关领导共同出席了开幕式。

潘基文上台讲话时，首先双手抱拳、躬身弯腰，向全体到会人员行了一个标准的中国作揖礼。随后，他缓步走到话筒前，用清晰流利的中文说："衢州有礼，你好，谢谢。"话音刚落，会场上立即响起了热烈的掌声和特殊的欢呼声。

一位央视记者事后采访了潘基文，问他中国礼和中文是什么时候学的？

潘基文告诉记者，那两句中文是到中国前就练了多遍的。中国礼是到了衢州以后，受到衢州人的感染，刚刚学的。

第五章
品牌成果

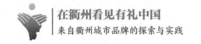
一、人人为"礼"谋发展

自 2019 年以来，衢州市便探索建立了"岗位赋分＋模块评分＋组团积分＋专班加分"的"四维"综合考评体系。精准设置了关键性、引领性考评指标，有效解决了"干部干与不干，干多干少，干好干差一个样"的问题。激励起各级干部"真干、实干、大干、苦干、干好"的旺盛斗志和为"衢州市而拼搏，为人民办实事"的奉献精神。

岗位赋分是按照"年轻干部激活力，年老干部挖潜力，领导干部增动力"的原则，根据各岗位工作量、所担责任、难易程度等分别设定考评分值。

模块评分是根据单位工作特点，将本单位各项工作划分为若干重点模块，各模块均有领导牵头，牵头人根据该模块人员的工作情况，内外协作情况，完成的实际工作量及贡献情况等进行日常评分，阶段评估和年度评价。

组团积分是对包村、包重点工作的干部，按工作绩效、群众评议的方法，对这些干部进行绩效评定。

专班加分是对全市和各县（市、区）重大工作任务、重大项目、阶段性突击工作等，根据不同情况，抽调精兵强将，分别由领导带队组织攻难克坚，并对参与专班的工作人员逐人评定分数。

各项考核结合平时考评记录，采取个人自我评价、民主测评、组织考评的办法一一落实，最后按百分制确定每个工作人员的当年综合考核分值。按分值落实兑现奖惩：（一）年度综合考核 70 分（不含 70 分）以上的人员，按标准发放奖励工资；考核分低于 70 分的工作人员，按本人标准的 50% 计发当年奖励工资；考核分低于 60 的，取消当年奖励工资和各项考核奖；（二）考核分低于 70 分的工作人员，取消当年度评奖评先资格；（三）考核分在本单位领先的优先推荐、优先提拔重用；（四）当年民主评议分居末位的工作人员，领导进行提醒式谈话。

考核办法还对当年受奖、个人工作亮点奖分，工作失误、违反工作纪律等行为罚分等也分别做出具体规定。

绩效考核，考实了"绩"，考出了"效"，调动了衢州市各级干部干事创业，为"礼"而为的积极性、主动性、创造性，增强了干部队伍的活力，为全体衢州人做出了表率。

二、从"最多跑一次"到一次不要跑

2018 年，《国务院办公厅关于对国务院第五次大督查发现的典型经验做法给予表扬的通报》中，对浙江省衢州市深化"放管服"改革，打造"最多跑一次"示范市的成功经验给予表扬。接着，衢州市参与了《审批服务便民化工作指南》国家标准的起草，并承办了《审批服务便民化工作指南》国家标准全国研讨会。

衢州市已成为审批服务便民化的全国标杆。

为高标准做好审批服务便民化的积极探索，衢州市以"整体政府"理念，创新工作机制，从相关部门抽调优秀干部，首先组建了衢州市"最多跑一次"改革工作专班和营商办，制定出台了《衢州市纵深推进"最多跑一次"着力打造中国营商环境最优城市的实施意见》。围绕审批服务"最多跑一次"改革，狠抓了试评价

江山市石门镇清漾村的村委会干部在办公

体系、政策体系、创新体系、信用体系、服务体系、工作体系等六大体系的创建和落实。通过建立任务清单机制和交办督办机制，将"最多跑一次"改革，营商环境建设攻坚任务清单化，办理人员责任化，交办程序化，督办规范化。实现了五个方面的重大突破：一是变"淘宝模式"为"京东模式"；二是变信息孤岛为信息共享；三是变条块分割为整体政府；四是变线下办理为线上办理；五是变单项受理为全科受理。

"最多跑一次"改革，促进审批服务工作出现重大变化。

一是工程建设项目审批更便利。在工程建设项目审批中构建了一张蓝图统筹项目实施；一个系统实施统一管理；一个窗口提供综合服务；一张表单整合申报材料；一套机制规范审批运行等"五个一"审批管理体系，实现工程项目

审批"最多100天"。

二是企业开办注销更便利。通过再造优化商事登记流程，全面推行名称预先核准及营业执照当场即办，实现常态化企业开办2个工作日内完成，远远快于国务院要求的"到2018年，企业开办8.5个工作日内完成"的目标。对材料齐全，符合法定形式的企业注销申请，不论适用一般注销程序还是简易注销程序，均当场核发准予注销登记决定书。

三是不动产交易登记更便利。对原有不动产登记管理进行流程机制再造和信息平台升级，打通部门壁垒和信息壁垒，实施不动产交易登记综合受理，实现"一证通办"，"全市通办"，60分钟出证，并与水电气联动过户，资料精简率达95%。

四是企业用电用水用气更便利。创新开发了全国首个企业用电用水用气营商接入系统，采取网上受理、资料共享、并联审批、限时办结的全新审批模式，实现办电平均用时高压不超过70个工作日，低压有外线工程的不超过25个工作日，无外线工程的不超过3个工作日，办电速度全省最优、全国领先。

五是民生事项办理更便利。在公积金、医疗卫生、民政、教育、住房保障等重点民生领域实现了改革突破。其中，公积金办理业务从以往7个部门跑10次变为一次办结，并在全国首批试点"身份证网上功能凭证"，率先实现"无证明办理"，改革做法被住建部发文全国推广；在医疗卫生领域，开通多途径预约、多样化结算，推动建立诊疗更安全、就诊更便利，体验更舒适的医疗服务中心模式；在民政领域，实现低保等困难群众救助事项联办，老年人优待证实现"现场制证、立等可取"；在教育领域，以学生入学、教育缴费等为重点，推出入学报名"一网通"、教育缴费"一键办"、自助办理"一端口"等"十个一"举措；在住房保障领域，实现公租房资格确认审核等业务"一网通办、同城通办、一证通办"，全面压缩办理时间。

通过技术、制度、服务、管理等多方面的改革创新，实现办事群众、企业最多只需要跑一次，就可以完成一个事项或者多个关联事项的办理。

到2019年底，衢州市本级1368项政务服务事项，除浙江省《"最多跑一次"改革例外事项目录》中的6项事项外，已全部实现"最多跑一次"。

随后，衢州市又承担了国家发改委2018年数字经济重点项目暨国家政务信息系统整合和公共服务数据共享应用示范工程试点。通过技术、业务、数据和服务"四融合"，构建了规范统一、数据驱动、共建共享、协同创新的"数字政府"服务新模式。对许多审批事项实行了"无证明办事""掌上办事",由事项审批"最多跑一次",发展为一般事项审批"一次不要跑"。

在衢州市江山市的清漾行政村村室,我们听到工作人员在接一个电话,她对着话筒说:"大伯,你不要来了,我这里有你的信息和照片,我给你办就行了。"

我们问她在办理什么项目,她说:一个大伯的孙子在外打工,春节是在家过的,现在又回工厂了,厂方需要镇里出具一个春节期间我们本地无疫情的证明。

"不需要他本人来吗?"我们问。

"不需要,现在农民办许多事打个电话就行了。包括办理低保、伤残证,补办农村宅基地土地证等。"

"他本人不来怎么办呢?"

"我们这里都存着村民的照片和相关信息,需要办什么事时,他打个电话申请,我们按相关要求给他们填好申报表格,需本人签字的,我们打电话让申办人网上签字。我们将申报表传至镇政府或市综合服务中心,他们审核通过后直接为申报人办好相关申办手续或证件,快递到我们村室,我们再把办好的证件、证明等送给申报人。许多事,农民足不出户,就可办好。"

三、让现代科技为品牌增辉

2018 年初,衢州市全面启动"南孔圣地·衢州有礼"城市品牌打造工程以来,衢州城内外日见其新,衢州人日渐有"礼",衢州的知名度、美誉度日益提升,来衢州观光旅游、学习考察的人越来越多。衢州人通过打造"衢州有礼"品牌,让衢州立起来、美起来、热起来的愿望已初步实现。

现在来衢州的人,必去南孔古城,到了南孔古城,必等到夜幕降临时,

衢州市信安湖夜景

移步水亭门，欣赏"衢州有礼，大美衢州"5D 灯光秀。这不仅因为这场灯光秀主题鲜明，设计超前，视听觉效果几乎到了美轮美奂的地步。更为主要的是，她是在打造"南孔圣地·衢州有礼"城市品牌过程中取得的一个重要成果，她已成为宣传推介衢州城市品牌的一张闪亮名片。

水亭门，又称大西门、朝京门，位于南孔古城与衢江之间，过去是外地商人经衢江来古城的必经之地。也是目前衢州市保存和修缮最完好、最雄伟、最能见证南孔古城历史风貌的一座古城门。

过去，出了水亭门就是码头，是浙闽赣皖四省商贸的重要通商口岸，曾经千帆竞渡，商贾云集，北宋熙宁年间，衢州通商税收一度高居浙江各州府的第二位。

衢州人曾有"不识水亭门，枉为衢州人""来衢州不到水亭门白来衢州"的说法，可见水亭门在衢州人心目中的地位。

水亭门再次高频位撞击衢州人的心房，是因为衢州在城市品牌打造工程中，把水亭门景区修复提升项目作为"南孔圣地""南孔古城"的重点项目。率先谋划，率先启动，并结合周边景区修复提升，运用现代技术成果，规划建设了 5D 灯光秀项目，让她一出场，就成为美在衢州的一个地标。

5D 灯光秀以水亭门正前方信安湖湖面为核心，以彩虹桥和信安湖 218 米喷高喷泉为左右呼应点，在正对水亭门湖面上一字摆放三艘帆船，每艘船船身

南孔古城水亭门夜景

长 20 多米，船上各安放两块 CED 柔性大视屏，配装喷火装置，雾森系统，声、光、电系统。

每当夜幕降临，首先从水亭门对岸打出数束光柱，如数条银色巨龙喷水而出，呼啸而来，划破夜空的宁静，启动神奇的开关。

随着优美的音乐声，南孔家庙、龙游石窟、江郎山仙境、红木小镇、廿八都、根宫佛国等一个个江南胜境，一一向你启开美丽之门，披着五彩云裳的霞帔，乘着秀美的虹霓飘然而至，"快乐小鹿""南孔爷爷"在灯光的变幻中，紧随其后，向观众致礼。

湖心的灯光仙境，与近处的樱花吐翠、翠竹慢舞，远处礼贤桥上流光闪霞的彩色长龙，以及对岸现代衢州万盏灯光组成的多彩星空相映成趣，相携成画，相配成诗，让人眼花缭乱、目不暇接、心旷神怡。直到湖心的秀光变暗，音乐噤声，观众仍沉浸在幻境中，久久不肯移步。

四、让南孔古城与品牌共兴

南孔古城地处浙江省西部，浙江母亲河钱塘江源头。至今已有 6000 多年的历史，1800 多年的建城史，是孔子后裔的世居地和第二故乡。她是"南孔圣地"的起源地，是南孔文化的历史标识，她曾身居江南儒学传播中心的高位，她曾引领诗画江南的风骚。大概从晚清时起，她遭受破坏，虽无法从衢州人心目中淡去，却曾成为衢州人心中的一块伤痛。

当改革开放进入新时代，当传承中华传统文化的声音响彻九州内外，当衢州市竖起"南孔圣地·衢州有礼"的大旗，聪明上进的衢州人明白了振兴衢州的时机已经到来，沉睡多年的南孔古城将迎来昂首挺胸、再放异彩的春天。

据清康熙《西安县志》记载：南孔古城"城墙一丈六尺五寸，广一丈一尺，周回四千五十步。为六门，城之上各建楼门，城北、东、南三面竣濠引水，城西临衢江"。

"南孔圣地·衢州有礼"城市品牌打造提升工程全面启动后，修复提升南孔古城很快被提上衢州市委、衢州市人民政府的重要工作日程，2018 年底，衢州市人民政府正式印发了《衢州市区古城双修十大工程实施方案》。

古城双修全面启动，双修包括内修和外修。内修是要张扬"衢州有礼"的城市精神，激活内在动力，重振古城活力，重铸古城文化，重释古城灵气。"外

修"是要重整古城生态，重织古城交通，重构古城设施，修旧如旧，重焕古城生机。最终达到留形、留人、留灵魂，见人、见物、见活力，物似、形似、形神兼备的目标。古城双修工程在古城区及其南北协调区约3.39平方公里区域内展开，其中古城区范围2.09平方公里。

古城双修十大工程的主要内容是：

一、历史街区风貌衔接工程。打造古城水亭街—北门街—孔庙游览线路，实现沿线建筑风格如旧，整体风貌协调一致。

二、儒学文化区旅游配套工程。在府山公园西侧、南侧，新建旅游服务配套设施；对绿化、水系等生态景观改造、修复、提升；复建城隍庙、鼓楼，丰富古城轮廓；打造环山绕水高品质休闲消费空间。

三、南湖广场文旅综合体工程。按城市会客厅、游客集散中心、公共服务中心、市民活动中心及交通换乘中心的定位，改造提升南湖广场。

四、古城双修征收及安置工程。完成古城双修范围内新增项目地块、遗留地块的土地征用、房屋征收，配套建设安置小区。

五、环古城水系生态景观改造提升工程。南湖水系向东延伸，拓宽至府东街；疏浚斗潭湖，改造提升斗潭湖北侧公园生态景观；新建信安湖抽水泵站。

六、东门遗址公园建设工程。保护修缮东门及城墙，配套建设公园景观绿地和游览服务设施。

七、古城停车场建设工程。按现代化标准规划建设地上地下停车场，整体设计同古城风貌保持一致。

八、信安湖城市会客厅——光影秀。在信安湖水域内，紧邻水亭门，规划建设喷泉、水景、彩化、亮化及新科技光影系统，展现有震撼力的水、电、光、影效果。

九、水亭门历史文化街区保护利用二期工程。对水亭门历史文化街区范围内未改造的传统古建筑全部进行修缮，全面整治提升，局部地区风貌建筑补建、改造，做好业态植入和后期运营。

十、鹿鸣小学迁建及水亭门游客中心建设工程。新建36个班级的鹿鸣小学；原鹿鸣小学位置改建为水亭门游客服务中心，并配建商业文化休闲设施。

经过精心打磨，南孔古城生机再现，商埠繁荣，游人如织。2019年12月顺利入选浙江省首批诗路旅游目的地。

五、绿色发展开新路

衢州市认真践行习近平总书记"绿水青山就是金山银山"的战略思想，瞄准建设"活力新衢州，美丽大花园"的发展目标，坚持山水林田湖草系统治理。在绿色发展中不断"扩增量、保存量、提质量"，全市生态环境连年改善提升。至 2020 年底，全市森林覆盖率达到 71.5%；过境水水质持续多年保持国家 II 类水标准，超过三分之一的断面达到 I 类水水质。全市空气质量优良率从"十二五"末的 84.9% 提高到 2020 年底的 93.4%，PM2.5 浓度均值从 45 微克／立方米下降到 25 微克／立方米。按照市城一体"串珠成链"的发展思路，高标准建设一条长 280 公里、覆盖 1000 平方公里的"衢州有礼"诗画风景带，新创建国家 5A 级景区 1 家，A 级景区村 930 多个，新发展民宿 1650 家，其中精品民宿 200 多家。先后被评为"全国森林旅游示范市""全国生态文明城市"。越来越多的衢州人端起"旅游碗"，吃上"生态饭"，走向"小康路"。2016 年以来，衢州全市农民收入年均增长 9.7%，增速始终保持在浙江省的前三位。

六、"六城同建"展新姿

建设四省边际中心城市是衢州市"有礼城市"建设的重要任务。按照"打造形态最好，功能最强，环境最优新型城市化"的标准，核心圈层的提升发展与高铁新城的规划建设、南孔古城的修复提升同步推进。至 2021 年初，南孔古城已雄姿重现，高铁新城正拔地而起，核心圈层异彩纷呈。建成区绿地率达到 39.4%，人均公园绿地面积达到 15.6 平方米；建设棚户区安置房 3.39 万套；全市城镇居民人均住房面积达到 51.3 平方米，高于全国人均 39.8 平方米和浙江省 48.5 平方米的水平，农村居民人均住房面积 80.7 平方米，高于全国人均 48.9 平方米和浙江省人均 67.3 平方米水平。通过 24 项专项整治，改造提升老旧小区 370 多个；建设南孔书屋 36 个；共享食堂 46 个；健身驿站 165 个；新增机动车停车位 25000 多个；新增消防设施 94000 多个；新装楼道路灯 20000 多盏。大力推进城乡公厕革命，企事业单位错时共享停车位，拆墙透绿、"机关食堂假日共享开放""劳动者港湾""公益单位爱心冰箱""小区公共晒衣架""公用电动车充电棚""农家水果有礼摊位一条街"等城市共建共治共享新措施。

净化、美化、亮化了城市，打造了以社区为中心的"15分钟便利生活圈"。提高了城市居民的幸福指数。并同时启动"空港新城""智造新城""智慧新城"的规划建设。自2018年开始便出现了城市常住人口净流入，全市城镇化率达到61%，城镇化率升幅居浙江省第一位。被评为国家节水型城市、国际花园城市。立足人本化、生态化、数字化三维价值坐标体系，以"打造城市社区生活获得感领跑者"为目标规划建设的礼贤未来社区，成功入选浙江省未来社区创建项目、首批联合国可持续社区标准试点项目。成为截至2020年底，浙江省唯一一个"双标"试点项目。

七、交通先导现新貌

始终坚持交通先行的原则，加快构建公路、铁路、航空、水运"四位一体"现代交通网络，仅2019年一年全市便完成交通建设总投资94.5亿元，被授予"浙江省交通强国建设试点单位"。

在铁路建设中，杭衢高铁从谋划到全面开工只用了2年时间，正式运行后从衢州到杭州最快41分钟便可抵达。2020年9月，衢宁铁路已建成通车，衢州市"米"字形铁路网架构已基本形成。同"十二五"末相比，衢州高铁站每天的客流量从6931人增加到10567人。

在公路建设方面，杭金衢高速拓宽，351国道、320国道、205国道改造等重大项目加快推进，总长215公里的沿江美丽公路建设历时三年已全面贯通。

在水运建设方面，衢州港至龙游，衢江港区已先后开港。断航60年的钱塘江中上游航道全线恢复通航。衢州人通江达海的梦想已经实现。

在航空建设方面，同"十二五"末相比，衢州民航的航线由3条增加到16条；航点城市由3个增加到15个；旅客吞吐量增幅达83.1%。衢州机场迁建新址的工作正抓紧推进，一个水港、陆港、空港、信息港"四港联动"的四省边际空港新城正在伴随"最有礼城市"建设而崛起。

八、产业振兴增新能

以推进工业高质量发展为目标，通过做大做强新材料、新能源、集成电路、智能制造、特种纸开发生产等产业，实现了新兴产业的换道超车；推动化工、钢铁、建材、轴承等产业提质增效，推进了传统产业的弯道超车。全市新增总投资百亿元企业 1 家；10 亿元以上企业 29 家；亿元以上企业 101 家。新培育国家高新技术企业 117 家；新认定省级科技型中小企业 258 家；通过"品字标"浙江制造认证企业 44 家。在发展数字经济工作中，以 2017 年开启衢州—阿里战略合作为标志，接连推出一系列重大举措；组建数字经济专家委员会，创建东南数字经济发展研究院，引进华为、海康威视、浪潮等数字经济企业，设立信安数智公司等等。

2019 年，全瑞泓公司完全自主知识产权的"集成电路 12 英寸硅单晶棒及正片的研发生产"，实现了此项目国内批量生产"零"的突破。2020 年，衢州数字经济核心产业营业收入和数字经济核心产业制造业增加值，分别实现同比增长 21.9% 和 23.5%，双双位居浙江省第一位。

九、重大改革激发新活力

为实现"衢州有礼"城市品牌的创新驱动，衢州市先后承担了"全国两山实践创新基地""全国绿色金融改革创新试验区""钱江源国家公园体制试点""国家多规合一试点""浙江省委、省政府最多跑一次改革试点""政府数字化转型""县乡一体，条抓块统"等重大改革试点任务。每一项试点任务均实现实质性重大突破，既促进了衢州的相关工作，又为浙江省委、省政府和全国的重大改革探索了成功的路径，积累了丰富的经验。这些经验已在浙江省和全国分步推广。

2018 年开始，衢州市率先提出"打造中国营商环境最优城市"的目标，并将此项工作融入"衢州有礼"城市建设的总体规划和具体工作，在亲商、留商、安商、富商等方面，出台了一系列配套性政策措施，做了大量扎实有效的工作，成功将衢州市打造为"引商洼地""兴商高地""富商宝地"。在国家发改委组织的 2018 年和 2019 年全国营商环境评价中，衢州市在全国 293个地级市城市中，连续两年名列第一位。在国家发改委发布《中国营商环境2020 报告》中，衢州市与北京、上海、深圳、杭州等 15 个城市一起入选标杆城市。

十、平安衢州换新颜

衢州市坚持政治、自治、法治、德治、智治"五智"并举，创造形成了城市社会综合治理衢州模式。2019年，全市"两抢"案件立案同比下降21.9%；盗窃案件立案同比下降13.1%；一般生产安全事故同比下降30.2%；火灾事故同比下降11.29%；环境违法案件同比下降18.02%。2020年，衢州市蝉联浙江省平安建设十四连冠，并荣获浙江省平安建设全域（含市、县、区）"满堂红"。

政治就是把党建优势转化为治理优势。大力推进"党建统领＋基层治理＋乡村振兴大花园"体系建设，深入实施组团联村、两委联格、党员联户的"三联"治理工程。在全市1482个行政村，构建4200多个治理网格，38000多人参与的"红色网格联队"，形成"小事不出格、大事不出村、人在网中走、事在格中办"的工作格局。在平安稳定、抗台（风）救灾、农房整治、项目征迁等具体工作中，有效处置各类信息事件130余万件。

自治就是充分调动广大基层群众参与基层社会治理的积极性，全市动员1500多个基层党组织与1100多个社区结对，38000多名党员干部下沉到基层，引导村民和社区居民修订村规民约、社区文明公约，推进基层自治规范化、常态化。推出个人信用积分"信安分"制度，实现个人信息同"政企银"信息互通，将个人信誉置于社会各方的共同监督之下，人人都是治理主体，人人都是治理监督对象，大大提高了广大群众自治的自觉性和积极性。

法治就是依法规范社会行为，引领社会风尚，破解治理难题。充分利用地方立法权，先后出台了《电动自行车管理规定》《电梯安全条例》《烟花爆竹经营燃放管理规定》《物业管理条例》等地方性法规。并于2020年1月，正式实施全国首部网格化服务管理地方性法规。并采取政法干部培训、政法领导干部异地交流、政法干部定期考核等多种办法，净化政法干部队伍，提高执法水平。

德治就是突出"衢州有礼"主题，坚持以文养德、以德育人、以礼化人。围绕建设"一座最有礼的城市"，出台实施《衢州有礼市民公约20条》《衢州市关于开展移风易俗树立文明乡风行动方案》《衢州市婚丧喜庆事宜操办标准》和《衢州市文明行为促进条例》。着力培育公共服务、公益慈善、民主协商、化解矛盾等领域的社会服务组织。全市平均每 4 个市民中就有 1 名志愿者，志愿者组织已发展到 3173 个。动员社会力量从小事小节入手，推广使用公筷公勺，见面行作揖礼、不随地吐痰、排队有序等有礼做法，把"衢州有礼"内化于心，外化于形"。

智治就是将大数据、人工智能、区块链等现代科技成果同市域社会治理深度融合。通过智慧赋能提升治理效果。引入"城市数据大脑 2.0"，归集 46 家市级部门数据 190 多亿条。特别是在抗疫工作中，充分利用大数据平台，将"政企通""邻里通""村情通"等基层数据连为一体，为精密智控装上"千里眼""顺风耳"，每日传递信息和各类任务指令 1000 余次，指导基层网格排查相关人员 35000 多名。在全省率先推出区域互认"健康码"。并运用"蓝天工程"及时捕捉全市个别非文明行为信息，通过各级网络和自媒体及时曝光，使"无礼"之人无处藏身。

十一、乡村振兴谱新篇

近年来，衢州市围绕让农民富起来、农业强起来、农村美起来，全面实施乡村振兴工程，全力打造浙江大花园核心区。在乡村振兴，美丽乡村建设中探索出一条"破""立"同步、"新""旧"变革、"冷""热"转换、"动""静"转换的成功道路。

"破""立"同步就是以乡村农房整治为突破口，有序拆除危旧房、违建房、"一户多宅"等空置房，科学统一规划建设社会主义新农村。2018 年以来，全市累计拆除各类建筑物 343290 多宗，整治面积 1706 万平方米，新增绿化、停车场、休闲活动场所等公共设施 620 多万平方米。推进了 146 个全域土地综合整治项目落地建设。总投资 32 亿元、全长 215 公里的衢州美丽沿江公路全线贯通，总长 280 公里的"衢州有礼"诗画风光带建设顺利完成，带动了沿线 20 多个 3A 级以上风景区，60 多个文化村和一批农业产业化项目的落地建设。在全国率先启动了 6 个乡村未来社区的试点项目。

"新""旧"变革就是率先探索农村土地承包权、经营权的改革。2018 年率先推出"一村万树"绿色期权改革，动员各级干部、职工、社会团体和个人，自愿认购"树木资产包"，获得树木的到期处置权和受益分红权。通过推行这一机制，仅柯城区便发展浙江江楠、榉树、红豆树、香榧等珍贵彩色树种植

110多万株。同时探索推进农村"三位一体"改革、宅基地"三权分置"、农业数字化转型多项创新，为"旧"的乡村传统产业持续注入"新"动能，让越来越多的"活树变活钱""农房变客房""风景变钱景""水流变资金流"，使广大农民和村集体享受到更多农村改革"红利"。

"冷""热"转换就是通过乡村振兴工程，激活乡村新动能，让一度偏"冷"的乡村"热"起来。过去多年，衢州绝大多数乡村劳动力长年在外打工，只留下老弱病残留守。全面实施乡村振兴工程后，乡村白天美了，晚上亮了，自2018年开始衢州出现了罕见的"凤还巢"，一批批外出打工经商人员回乡创业发展。至2020年底，全市民宿总量发展到1500多家，创建A级景区村700个，占全市行政村总数的近50%。创建浙江省美丽乡村示范乡镇39个，省级新时代美丽乡村752个，其中特色精品村114个，累计占全市行政村总数的58.4%。仅2019年便接待游客5412万多人次，营业收入30.78亿元。全市传统小吃年销售额达41.73亿元。

"动""静"转换就是在乡村振兴中积极策划组织文化活动、体育赛事等。让一度寂静的乡村动起来，"动"出生机，"动"出财富。江山市新塘边镇毛村山头村创建了全国第一家农村攀岩主题公园；江山市凤村镇白沙村修建起游泳池、塑胶篮球场、网球场、综合文化活动大楼、综合体育馆，打造出全国乡镇体育示范健身示范工程；衢江区双桥乡连年举办乡镇农民运动会；常山县自2016年以来连年承办中国山地自行车公开赛；开化县连年举办钱江源国家公园马拉松赛事；柯城区灵鹫山国家森林运动小镇承办全国森林极限运动会；江山市大陈乡大陈村承办全国村歌大赛等。在由"静"转"动"的变化中，提升了村民的幸福指数，吸引"马拉松小镇""中国首个森林运动汽车城""中国第一家运动汽车改装先行示范区""网红景区奥陶纪高空极限乐园"等一批项目落户衢州，可带动年均游客150多万人，创造直接年收益10多亿元，拉动旅游年收入30多亿元。

十二、"全国文明城市"创建结硕果

2018年初，衢州市以全省最高分入选"全国文明城市提名城市"，正式获得第六届全国文明城市创建的"入场券"。创建工作启动后，全市紧盯"文明城市有一个，一定是衢州；文明城市少一个，一定不是衢州"的目标。以创建全国文明城市为良机，全力打造"一座最有礼的城市"。以打造"南孔圣地·衢州有礼"城市品牌为动力，全力推进全国文明城市创建工作。两项内涵一致的工作同步推进，促进了衢州日见其新的快速变化。

建强红色物业联盟架构。全市227位市、县（区）"四套班子"领导每人联系1个社区和1个小区，市委机关工委下属的392个基层党组织按照"一对一"，"多对一"多种形式与主城区369个小区联手共建。市区范围内27000多名党员到各自居住地网格支部报到，共同开展清理散落烟头，清理绿化带垃圾，清理杂物等各类志愿服务活动。在此基础上，连续开展"治乱"专项整治活动，先后清理乱堆乱放15.3万处；拆除乱搭乱建14600多处；累计铲除"牛皮癣"130多万张；粉刷楼道12000多条；维修破损路面57000多平方米；新建改建污水管网76公里；新增机动车停车位25000多个；新增各类道路标线标识28.4万米；安装道路隔离设施54.2公里。首先让城市"净"起来。

植树增绿，栽花添香，先后建成城市公园、小游园61个，全市人均公园绿化面积17平方米，全市森林覆盖率上升到71.5%，让城市进一步绿起来。走进衢州，无论是漫步在大街小巷，还是休闲于街心游园，或行走在沿江美丽大道上，处处是满眼绿色，随时可闻到花的芳香。

入夜条条街道流光溢彩，座座高楼群星闪烁，沿江大道彩龙飞舞，信安湖中奇景迭秀。仅十里江滨便新增投树灯700多盏，庭院灯600多盏，景观灯带500多米，衢州城更亮了。

南孔古城焕发新春，水亭门披彩吐翠；衢江、乌溪江百舸争流，信安湖现代化灯光秀再添异彩。沿江美丽大道和一条条生态风光带将一个个A级景区、A级景观村、特色村镇、生态农庄等"串珠成链"，厚重的历史文化同现代化诗景画作相互交织、交相辉映，使原本美丽的衢州更加美丽。

《衢州有礼市民公约》传递的是衢州市民做文明人，享受现代文明生活的心愿；表达的是衢州人全民创建全国文明城市的坚强决心。

建设一座车让人的城市，一座烟头不落地的城市，一座自觉排队的城市，一座使用公筷公勺的城市，一座不随地吐痰的城市，一座行作揖礼的城市，一座没有"牛皮癣"的城市，一座拆墙透绿的城市。强调的是创建全国文明城市的重点和具体规范。

颁布《衢州市文明行为促进条例》，则标志着行为文明、"衢州有礼"已

经从居民自觉上升到法律规范，从集中创建的一时所为提升到长期践行的行为准则，从提倡指导的宣传教育升华到衢州的城市精神和衢州人的价值主张。

2018年，衢州以总分92.31的成绩在全国113个地级提名城市中排名第八；2019年衢州的评价总分提升到96.27，在全国提名城市中的排名上升到第四名，其中群众满意度列全国第二名，未成年人思想道德工作名列全国第一名。

九龙湖

第六章
品牌亮点

第一节　衢州好人

一、南宗嫡长孔祥楷

孔祥楷

在衢州二中图书馆南面有一片小树林，小树林里建有一八角亭，题名为"恩师亭"，两边挂着一副楹联，上联是"捣蛋淘气你我他都惹过父母生气"，下联是"马虎粗心数理化全凭了先生操心"。这座恩师亭，既是南孔圣地衢州尊师重教的缩影，又体现了衢州万千学子学礼、守礼、重礼的思想品德。这座恩师亭的倡建人，亭名的题名人，亭上楹联的作者，书写者都是一个人——孔子第75代嫡长孙，衢州孔氏南宗家庙管委会主任孔祥楷。

提起孔祥楷，衢州人几乎无人不知，现在，衢州人无论男女老幼，提到孔祥楷都尊称他"孔老爷子"。

"孔老爷子"生在衢州，长在衢州。1944年，年仅6周岁的孔祥楷，被当时的国民政府正式册封为"大成至圣先师南宗奉祀官"，是中国历史上最后一位南宗奉祀官。由此才形成了在孔学的传承中，曲阜有庙无人（奉祀官）、台湾有人无庙、衢州有人有庙的格局。

孔祥楷自幼聪颖好学，各科成绩均处优等。大学毕业后在我国东北从事金矿开采。由技术员、金矿副矿长、矿长升任沈阳黄金学院副院长。

1993年，衢州市委、市政府为弘扬传统文化，扩大南孔文化的影响力，由政府出面，力劝孔祥楷返衢，报效家乡。

孔祥楷返衢后，先后任衢州市市长助理、市委统战部部长、市政协副主席、衢州市孔氏南宗家庙管委会主任等职。

经过孔祥楷的努力，2004年，新中国成立后第一场声势浩大的祭孔大典在衢州市举行。同以往不同的是，这次祭孔大典从拜祭的着装、拜祭仪式、拜祭用礼等各方面都进行了重大改革，完全用中式现代人易接受的方法进行。得到国内外孔氏后裔和社会各界的一致认同，在国际上产生重大影响。

随后，山东曲阜孔子后裔，日本孔子学会，新加坡儒学研究会，台湾孔子学会，台湾海协会会长汪道涵等，先后到衢州孔氏南宗家庙拜祭孔子，同孔祥楷等共商儒学发展大计。

1996年，孔氏南宗家庙被列入第四批全国重点文物保护单位。

2011年，孔氏南宗家庙祭孔仪式入选第三批国家级非物质文化遗产名录。

孔祥楷博学多才，在传承传统文化"以礼教人"中，他先后给中小学生、大学生、研究生、在押犯人等不同人群讲过课，每一次讲课都深入浅出、动之以情、晓之以理，给听课者留下终生难忘的记忆，在社会上产生很大反响。

他闲来常写小说、散文，擅作词、作曲，并精于书法、绘画，还热爱雕塑。他既是祭孔大典上震撼人心的话剧《大宗南渡》、不同凡响的大合唱《东南阙里》的编剧、作曲，又是导演和指挥。这些作品所表现的深厚的文化底蕴，得到在场的文化和旅游部领导和许多专家的赞许。

2020年9月，已届82岁高龄的孔祥楷，仍像往年一样，重返母校衢州二中，并在恩师亭前亲手将鲜花献给自己的恩师。

二、"最美医生"陈玮

她是"看到危重病人就想拉一把"的人，她是"心里只有救死扶伤职责"的人，她是那位紧急救治几乎失去呼吸的危重患者，使其转危为安、重拾生命的人，她是那位为救死扶伤自发组织爱心团队的人。她就是最美医生陈玮。

1974年出生的陈玮，任职于衢州市人民医院，全国人大代表。曾获全国"五一巾帼标兵""中国好人""浙江省道德模范""最美浙江人""浙江青春领袖""最美衢州人""衢州市优秀医生""衢州市科技先进个人""衢州市十大杰出青年"等荣誉称号。

2014年7月29日，杭州东站售票厅前，南来北往的游客正在有序排队购票。突然，队伍中一个小伙子一头倒在车站的大理石地面上，随身携带的提

最美医生陈玮

包扔在一边，躺在地上一动不动。"呀！"有人发出恐惧的尖叫。"怎么了？怎么了？"许多人焦急万分。

"大家不要慌，我是医生。"一位漂亮的女性一边说，一边走到患者一侧。

此时，躺在地上的患者已经没有脉搏，瞳孔散大，意识丧失，几乎失去了呼吸。

她一边喊着"快打120"，一边用双手按压患者的胸部，给他做心肺复苏。

大约过了10分钟，地上的小伙子已经恢复了知觉。此时，120救护车已经赶到，人们帮着医生将患者抬上了救护车。

现场的人都对那位美丽的医生投去了赞许的目光。

后来人们才知道，那位美丽的医生就是陈玮。

从那时起，陈玮更知道生命的宝贵，更感受到作为一名医生的责任重大。再加上她当时在医院的ICU病房工作，每天都接触危重病人，常常眼看着一些病人因关键器官损毁，找不到合适的器官移植而失去生命。每当这些病人失去生命体征被推出病房时，看着满脸泪花的亲人，听着一阵阵痛彻心扉的哭声，陈玮都在无声地陪着这些人难受。

"如何才能拉这些人一把呢？"

"有的逝者虽因某些器官失能结束了生命，但他们的另一些器官还有正常功能。如何用这些有用的器官，去救助那些对应器官失能的患者？"

陈玮动员4个小姐妹，联合成立了陈玮爱心团队。经医院批准，利用自己的善心说服更多的人向危重病人献血，捐献自己的器官。

要做到这一切谈何容易？

别人不理解，他们便以身示范。4个小姐妹主动为危重病人献血。几年下来，她们每人至少捐献了28公斤自己的鲜血。病人的家属被感动了，其他人被感动了，纷纷在他们的劝说下，加入无偿献血的队伍中。

捐献自己的器官更难。

一名叫邵朝龙的病人因脑死亡病逝，陈玮找到其亲属，对他们说："邵朝龙脑死亡了，但心脏还好，如果把他的心脏捐献给有需要的病人，等于救了这个病人的命。同时邵朝龙的心脏还借助他人的肌体在跳动，你们就可以认为，邵朝龙的心还活着，是不是可得到一些安慰？"

陈玮的话终于打动了邵朝龙的亲属，第一例器官捐献成功了。

几年来，她们已说服 6 人捐献了器官，救活了 20 多人的生命。

三、"有礼"校长潘志强

在衢州二中，每一届学生毕业时，学校都要召开毕业生告别大会，校长亲手把毕业证发到每个毕业生手中。

二中那么多老师，每个老师的生日当天，都会收到一份校长发来的祝福短信。

每天清晨 6：30-7：00，学校要根据季节变化，每天伴着日

"有礼"校长潘志强

出举行升国旗仪式，每次升旗时，校长必亲自参加。

"耀生，辛苦了！你主动担当，克服困难，冲在学校迎考奋战的最前线，把疫情变成了教科书，学校有你真好！谢谢你。"这是衢州二中高三年级组组长汪耀生的手机里，至今仍保存着的春节期间校长发给他的微信。

学校每个老师几乎都收到过校长发来的同类微信。老师取得成绩时，校长发微信祝贺，老师接受新的重大任务时，校长发短信鼓励；老师遇到困难时，校长发短信勉励，并送去慰问。

每个临近退休的老师，都会接到校长的特殊邀请，请到校长办公室喝茶，问老师还有什么想法，家里有没有困难？使每个退休老师都带着留恋离校，离校后仍始终牵挂着学校。

这个校长叫潘志强，他毕业于衢州二中，后考入浙江师范大学，毕业后回到衢州二中任教，直至升任为校长。

由于他待老师、学生如亲人，体贴关心入微，支持帮助有加，师生们都亲切地称他为"有礼"校长。

在"有礼"校长的率领下，衢州二中先后有 4 名学生荣获全国最美学生称号；

183 名学生获全国学科竞赛一等奖，3 名学生入选学科竞赛国家集训队；30 名入选浙江省队，为国家培养了一大批国际化竞争人才；衢州二中的教育教学质量已跨入全国中学第一方阵。

在"有礼"校长的率领下，全国第一个"中科院创新实践基地"落户衢州二中；"教育国际交流陈列室"落户衢州二中；浙江省第一批一级普通高中特色示范学校首选衢州二中。衢州二中先后被评选为全国文明单位、全国文明校园、全国教育系统先进集体。

"有礼"校长潘志强，先后被授予"全国先进工作者""全国五一劳动奖章""全国优秀外语教师""浙江省担当作为好干部""浙江省功勋教师""浙江省劳动模范""长三角最具影响力校长"等荣誉，是享受国务院特殊津贴的专家。

四、深藏功名 61 年的战斗英雄胡兆富

老英雄胡兆富重温入党誓词

2019 年，衢州市常山县退役军人事务局的工作人员按上级要求逐人采集退役军人的信息，当来到 93 岁退役军人胡兆富家时，一开始老人只简单回答姓名、何时入伍、何时退伍等简单问题，问到他在部队是否立过功时，他反复说："同那些已经牺牲的老战友比起来，我做得很不够"，迟迟不回答具体内容。

工作人员反复向老人家说明：这次退役军人信息采集是国家统一安排的，必须实事求是。

在工作人员的劝说下，胡兆富老人犹豫再三，最后才从柜子里抱出一个陈旧的小木箱，当木箱打开时，工作人员惊呆了，满满一箱子都是材质不同、颜色不同、盖有大大小小印章、散发着特殊气味的奖状、奖章、军功章。

工作人员简单整理后发现：胡兆富老人 15 岁参加革命，是战斗一线的卫生员，先后在抗日战争、解放战争中参加大小战斗数十次，立功受奖 26 次，其中特等功 2 次，一等功 7 次。

——1947 年鲁西南战役，全连被敌人包围，胡兆富除了完成抢救任务外，

还跟随突击排向敌人猛扑，夺回我方被俘的一个班；

——1948年洛阳战役，排长、班长先后牺牲，作为幸存的支部委员，胡兆富挺身而出，指挥一个班坚持战斗，炸掉了敌人的两个地堡；

——开封战役时，胡兆富头皮被弹片掀开，脑组织外露，身为卫生员的他，置个人生死于不顾，仍然在枪林弹雨中率领两名担架员，徒手扒废墟救回了11名伤员的生命。

1958年，胡兆富转业到浙江金华兰江冶炼厂职工医院当医生。5年后，主动申请到当时血吸虫病疫情最严重，医疗条件落后的浙西区常山县。在胡兆富和其他医务人员的努力下，疫情得到控制。胡兆富被调入常山县人民医院，成为一名内科医生。

1969年，胡兆富响应毛泽东主席"把医疗卫生工作的重点放到农村去"的号召，参加县医疗队到了青石镇砚瓦山村，他在这里创办了山村卫生室，除解决了这里群众看病难的问题，还手把手带出了两名乡村卫生员，这两名乡村卫生员，至今还在为砚瓦村民服务。

从医数十载，他本来有几次晋升机会，但每次他都以"我只想当个医生，离病人近一点"的理由婉言谢绝了。

退休后，他仍然没有忘记自己曾经是一名军人，曾经是一名医生，从不向组织伸手，不给组织添麻烦。依然尽自己所能，向群众传播医学保健知识，帮助人正确对待疾病，用科学的方法同疾病做斗争。

60多年来，他偶尔会提起牺牲的战友，会向儿孙们讲起某一次战斗，但从未提起过自己曾立下的战功。儿孙们都不知道自己身边有这么一位战斗英雄。

当他的60多年秘密无意间大白于天下时，面对蜂拥而来的各类采访者，他说得最多的，仍然是战友们在战斗中的贡献。不得已谈到自己时，

老英雄胡兆富看望卡点志愿者

总说"我做得太少了，组织上给予我的太多了"。"我只是一颗小小的螺丝钉"，并再三要求子女们：不要因此向组织讲条件，要照顾，要知道报党恩。

2019年，胡兆富被评为"浙江省首届最美退役军人"。

时任衢州市委书记徐文光登门看望了胡兆富老人，并拉着老人的手动情地说，"您的事迹特别感人，您的行为特别可敬，您就是一面旗帜。我们这一代人也要像您一样，真正做到党让去哪里就去哪里，党叫干啥就干啥"。

浙江省委原书记车俊在看了胡兆富事迹的报道后批示："胡兆富深藏功名60年，全心全意为人民谋利益，体现了共产党员的高尚品格。值得我们学习。我们应该向胡兆富这位老党员，老英雄学习，看齐，不忘初心，履职尽责。"

五、早餐奶奶毛师花

早餐奶奶毛师花

她是一个传奇。

她用连续 30 年的时间只做一件事：卖早餐。30 年来市场物价涨了不知多少倍，而她的早餐价格依然如初，豆浆、稀饭、粽子、鸡蛋饼，"每样 5 角"，从不涨价；她用 30 年的精心经营、诚信经营、为自己培育了一个开心的品牌——"早餐奶奶"；她用 30 年的爱心、30 年的执着、30 年的始终如一，把一个平凡得不能再平凡的小饭摊，打造成"中国好人"，"全国道德模范"，国家级"诚信之星"。

创造这个传奇的人叫毛师花，浙江省衢州市衢江区黄坛口村人。

黄坛口村有一所小学，学生很多是从偏远山区走出来的穷孩子，看到他们一个个那么早从山村里走进学校，当年已 50 多岁、孩子们已离开自己各自生活的毛师花，知道起这么早的孩子肯定来不及在家吃早饭。毛师花心疼这些孩子，便自己张罗了一个早餐摊。

她每天凌晨 1 点起床，生煤炉、炒菜做馅、蒸粽子，凌晨 5 点，准时用三轮车将早餐车推到学校前的路口，在漆黑一片中开始忙碌；煎蛋饼、煎糯米裸，现磨豆浆。等到第一批蛋饼出锅，第一个赶往学校的学生刚好赶到。她煎了一锅又一锅，学生们来了一批又一批，吃好饭的学生一批一批走进学校，直到煎好当天准备的最后一锅，目送最后一个吃过早餐的学生走进校园，她才如释重负，忘记了身上的劳累，脸上露出了满足的微笑。

毛师花对自己的早餐用料非常挑剔，虽然以后供货的都是她多年的老主顾，每一件原料，她仍然要一样一样地精挑细选，有一点霉粒，存放的时间长一点，她坚决不要。她说："这些孩子是国家的未来，爹妈的掌上明珠，正在长身体的时候，一定要对他们的健康负责。"

过了一年又一年，每个鸡蛋从当年的七分钱一枚，涨到六七毛钱一枚，大米、豆子的价格也一路上涨了很多，毛师花的早餐还是老价钱，"每样五毛"。邻居们知道后数落她："你这个老太婆是不是脑子进水了，七毛钱买的鸡蛋，煮熟了卖五毛，是不是准备把你家的老宅子赔进去？"

毛师花说："不是我不涨价，你看那山村的孩子，家里都不富裕，我提了价，不是增加他们父母的负担吗？"

毛师花的子女们很通情达理，他们对毛师花说："妈，您就这样卖吧，全当您有事干，锻炼了身体。赔了钱先用您的养老金补，再不够，我们姐弟几个给您凑。"

时间长了，学生们对毛师花很理解，有的孩子家庭条件好一些，本来只吃了一块多钱的早餐，吃过饭扔下两块钱就走，喊也不回头。

再后来，许多孩子无论是吃早餐时，还是在大街上遇到毛师花，远远地便亲切地喊"奶奶"。每到这时，毛师花心里便有说不出的高兴。

毛师花（左一）参加录制节目

一次，一个穿着时髦的年轻女人，坐在她的摊前喝了一杯豆浆，站起身对她说："奶奶，您还认识我吗？我是喝着您的豆浆小学毕业的，现在，我的儿子每天都吃您的早餐。这是我的一点心意，您一定收下。"说着从包里掏出一包糖果，一百元钱，放在小摊上转身就走。

乡邻们被毛师花的善行感动了，他们把自家种的大豆、自家鸡下的蛋，选最好的送给毛师花，却一定收最低的价钱。

近几年，儿女们看毛师花的年龄大了，便劝她停了早餐摊，到城里同他们一起住。毛师花说："现在，我一天不做早餐，身上就不自在，一天听不到那

么多孩子喊奶奶，心里就不舒服。"

六、"有礼"小红伞的发起人李香如

"有礼"小红伞

2020 年 6 月 27 日上午，衢州街头大雨如注，一位残疾老人艰难地推着残疾人专用三轮车，脚步缓慢地行走在亭川东路与紫薇北路交叉路口的一侧。老人将自己仅有的一把伞放在残疾人专用车上，以遮挡车上的物品不被雨淋，而自己的衣服就要被雨淋湿了。这时，从一辆停在那里等红灯的商务车上走下一个女性，快速将手中的雨伞交给雨中的残疾老人，然后快速离开。

那位雨中送伞的女性叫李香如，是浙江巨香食品有限公司的总经理，也是"南孔圣地·衢州有礼"城市品牌的代言人。

"有礼"代言人雨中送伞，正是"有礼"的具体表现。这件事很快成为衢州人街谈巷议的热点。

一个小小的举动，想不到引来如此大的反响。"当时那位残疾老人正需要伞，正好我车上有一把伞，便不假思索地送给了她"，李香如后来回忆说。

说到需要，在衢州经常有下雨天，大街上经常有出门忘记带雨伞的人。如何解决他们的问题，可不可以捐献一些雨伞，放在公交车上、出租车上，或者放在停车亭前，当下雨时，一时无伞的人就近选取，用后仍放在那些地方供其他人使用。

李香如的这一想法，很快得到市委宣传部、市城市品牌专班领导的支持。

7 月 11 日上午，"衢州有礼·红伞代言"活动在衢州古城水亭门景区隆重启动。本次活动由李香如女士发起，衢州市委宣传部、市"南孔圣地·衢州有礼"城市品牌专班和衢州广电传媒集团给予了全力支持。

活动上，李香如女士首批捐赠"有礼"小红伞 3000 把。被放置在城区公交车、出租车、私家车及火车站、机场、医院等处，偶遇降雨时，有需求者可自

"衢州有礼·红伞代言"活动开幕

由选取，用过后，可将小红伞就近回放在那些放置的地方，下次再帮助那些雨中需帮助的人。以此引领大家养成"有礼小红伞，遮风挡雨，用时自取，用后归还，方便大家，传递爱心"的有礼习惯。

"秉承有礼之心，乐做有礼之人，请备一把小红伞，晴天收好，雨天送给急需的人，用爱心增加城市温度，用红伞传递衢州有礼"。李香如再次向衢州人发出爱心倡议。

七、"中国好人"张素梅

《小芳》这首曾经风靡一时的歌曲，唱出了 20 世纪人们对最美村姑的由衷赞美。浙江省衢州市龙游县社阳乡金龙村的"小芳"张素梅，年轻时长得好看又善良，惹得同村的小伙子都好生羡慕。因为家境贫困，家里还有哥哥弟弟要读书，作为女孩，她不得不早早地弃学从农，帮着父母料理家务，像所有朴实无华的村姑一样，终日生活在这片贫瘠而又踏实的土地上，日子过得一成不变。但她的少女情怀里，始终想着自己走出大山，天天期盼着梦中的白马王子来拯救她。

谁知梦想美好，现实无情，在她 19 岁那年，母亲突然患上了小脑后遗症，

张素梅同婆婆在一起

静脉堵塞，不会走路，行走坐立不稳，全天需要人照顾。看着行动不便的母亲、辛苦的父亲，她偷偷哭了一晚上，为了就近照顾母亲，她决定在同村择婿，这样可以离母亲近一点。就这样，在众多的追求者中，她选择了同村的泥瓦匠小叶。她看上了他的勤劳肯干，头脑灵活，21岁那年他们幸福地结婚了。娘家婆家都在同村，母亲得到了女儿最贴心的照顾，顽强地活了下来，并在女儿的悉心照顾下，越活越精神。

婚后日子虽然并不富裕，但家庭和睦，有了张素梅这个贤妻，心无旁骛的丈夫组建了一个建筑工程队，帮人造房子，生意越来越好。张素梅在家开代销店，照顾老人和孩子。很快就成了村里首屈一指的富裕户，小日子过得和和美美。1996年，30来岁的张素梅夫妻率先在村里盖起了两层漂亮的小洋楼。1997年，她被村民推选为村妇女主任。张素梅更忙了，村里的事务，家里的琐事，她都要兼顾，但她内心坚信，日子会越来越红火的。

但是厄运又一次降临她的头上。2000年冬天的一个晚上，一向能干的丈夫在出门办事的时候，摔死在山路上。噩耗传来，张素梅犹如晴天霹雳，天都塌了下来。埋葬了丈夫后，一夜之间，她的头发白了一半。家里的顶梁柱倒了，剩下年仅12岁的儿子，造新房子还欠下一万多元的债务，还有依然病恹恹的母亲，日趋年迈的公婆，才35岁的她，柔弱的肩膀如何一下子扛得起这么重的担子？父母心疼女儿，女婿死后，就张罗请人介绍外地的对象，有远在深圳的，也有龙游城里的。面对上门说亲的人，看着新造的房子和年幼的儿子，看看病重的母亲和年迈的公婆，张素梅的心怎么也狠不下来。她也知道，只要一迈出去，她的人生肯定是另外一番天地，可是她舍不得自己和丈夫辛辛苦苦营造的家，舍不得儿子受委屈，她知道，她在家就在，她走了，这个家就散了。她擦了擦眼泪，拒绝了媒人的好意，一如既往照顾起这个面临破碎的家。

张素梅断了远嫁的念头，亲友见她一个女人带着孩子很辛苦，就帮她到周围张罗婚事。同村小她4岁的未婚青年管金祥早就对这个善良朴实的大姐心有好感，他连忙托人说媒。张素梅有点迷茫，自己一个带着孩子的寡妇，管金祥表示愿意上门帮忙照顾家里。看到都是同村人，就算改嫁了，走动起来也方便，张素梅权衡再三，答应了。就这样，他们走到了一起。

新家庭成立后，张素梅肩上的担子更重了。除了正处青春期的儿子，年幼的女儿，还有同住一村三个年迈体弱的娘要照顾，一头是前后两位婆婆，一头是行动不便的母亲，全都是她心里的牵挂。家里有地要种，村里还有村务要干，她的时间总是排得满满当当。每天早上，她先去探望同村的婆婆，为她送上一些生活用品，看看老人的身体状况，再处理村里的事情。忙到中午的时候，给在外做工的丈夫烧好饭后，又赶去看望前夫的父母。虽然拥有了新家庭，但十多年来，她始终不离不弃照顾着前夫70岁的母亲张福兰和78岁的父亲叶连森。前夫父母家里的重活和农活，丈夫管金祥也总是义不容辞地帮忙干，从无怨言。在婆媳关系普遍难相处的今天，这位普普通通的农妇却同时和两任婆婆都相处得很融洽，不能不让人信服。问她破解这个世界性难题的奥秘，她笑了笑说，就是一碗水端平，多陪陪老人。对两任婆婆，她不分彼此，逢年过节，礼数都是一样的，避免造成老人之间的猜忌。为此，她和丈夫约定，给婆婆们购买东西的时候，都是同等的分量和礼数，从不厚此薄彼。这让比邻而居的老人们内心很舒坦，大家都相安无事，一团和气。

"其实，平时的照顾不算什么，最怕几个妈妈同时生病。"张素梅说起照顾老人的事情，眼圈有点红了，"一生病就真的忙不过来呀。"而这种她最担心的事情时有发生，都是年老体弱风烛残年的老人，说病就病倒了。常常一个婆婆还没有出院，另一个婆婆又住院了，她只得在医院里跑上跑下照顾，等老人们病好了，她也快累趴下了。但是看到老人家都能康复无恙，她觉得这点辛苦也值得。有时候实在撑不下去了，偶尔想起自己的宿命，半夜惊醒的张素梅就偷偷抹泪，这时候，丈夫管金祥就会安慰她说，别怕，一切都会过去的，她才又沉沉睡去。

在金龙村，张素梅算资格最老的村委了，她担任了近二十年的村干部，共事过四任村支书，每一届村支书在任，村民们都放心选她，知道这样一个把自己的一生都压在金龙村的老党员最靠谱。除了是远近闻名的好女儿好儿媳，她更是一个好干部，好党员。从1997年当选为村妇女主任开始，她就一直致力于村民服务和村庄建设上。小家事情多，大家庭事情更多。全村1200人，很散，方圆两公里，走访一次下来就要两天时间，交通极其不方便，没有车子，全靠自己走路。村里安装自来水、五水共治，村两委都要亲自抓。金龙村经济基础比较薄弱，村干部一年工资也就五千元左右，村干部平时公出的车费和手机通信费全部要自负。张素梅每次带育龄妇女去医院放环，车费全部自己垫付，碰见放环的妇女身体弱的时候，怕她晕倒了，张素梅都自己掏钱打的送她们回家。在金龙村生活的 50 年里，村里的每寸土地，她都用脚丈量了若干次。金龙村的村民也都认同这个土生土长的好女儿、好媳妇。他们见证了这个坚强女人少时母病、中年丧夫、再嫁辛苦的曲折一生，也欣慰她好人有好报，收获了一个圆满幸福、母慈子孝、共享天伦的幸福家庭。

在现代这个充满诱惑和浮躁的社会，一个普通女人 50 年如一日固守家园，一辈子为了几位老人活得含辛茹苦，如果是出于纯粹的责任感，是不足以诠释的。一个人做一件好事并不难，难的是一辈子做好事。

社会没有忘记这位心地慈善、尊老爱幼、无私奉献的农村女人，国家给了她"中国好人"的最美称号。

八、"领头雁教育基金"的倡导者贵海良

贵海良在为"领头雁教育基金"捐款

他做了一件令一般人非常惊讶的事。

一副眼镜戴了 20 多年；身上的衣服、鞋子都是儿子和外甥们的"淘汰货"；腰间的皮带断了，他用废旧电线接在一起继续用；睡的是油漆剥落的木板床，用的是开合"嘎吱、嘎吱"作响的橱柜，坐的是布满破洞的老式椅子；一碗素面一顿饭，十天半个月才吃一次肉……这样一名农村老党员，竟发起成立了柯城区"领头雁教育基金"，还自己带头，一次捐出 40 万元！

村里人都不敢相信，因为没有想到他一次能捐出那么多钱。

儿子、外甥和家人们都不敢相信，因为没人敢想他有那么多钱。

他捐的这 40 万元是他一生的积蓄，是他这辈子三块、两块、三毛、五毛攒起来的。

他是一位实实在在，爱党、爱国、爱民、爱家的好党员。他是一位实实在在的"中国好人"。

他叫贵海良，是浙江省衢州市柯城区航埠镇新山村一名老党员。

80多岁的贵海良，1970年加入中国共产党，曾在村子里担任二十多年的村党支部书记，带领村民修建农村公路等基础设施建设，调解了多起矛盾纠纷，从未拿过集体的一分钱。

贵海良一共养育了两儿一女，在教育子女方面，他严格按照祖传的"廉洁、诚信、忠孝、勤俭、奉献"家风家训教育子女成才。其中，小儿子贵建国，从2005年至今一直担任新山村党支部书记，多次带头捐款，还为村里解决了多年未收回的村集体资产。为建新山村居家养老服务中心，他个人捐款5万元，赢得当地村民的支持与信任。

"他（贵海良）对我爸妈一直很好，昨天还带着我93岁的老母亲去了航埠镇卫生院看病，后来又一起陪着去了衢州市人民医院。"贵海良妻子叶冬英常向人念叨。"我刚嫁过来的时候，老贵家很穷，当时我们用稻草揉搓成床垫，两个儿子睡在一个狭小的房间里，不远处的地方还养了很多头猪，当时很不容易。"叶冬英回忆起几十年前，她说老贵勤俭节约，吃了不少苦。

贵海良对自己抠门，对他人、对村庄、对社会却很慷慨。1982年，塘下村修机耕路，他带头捐款500元；2005年，拓宽村庄道路，他带头捐款1万元；2005年5月至11月，他自掏腰包为义务修路的村民买了一万个包子；村级变压器增容，他又捐了5000元；当地学校改造提升，他带头捐款累计达3万多元。

如今他倡议成立"领头雁教育基金"，将自己存了一辈子的40万元私房钱全部捐赠出来。"感恩党，救了我，才有我全家现在的14人，现在捐赠这笔钱来回报社会。"贵海良如是说。

九、"九家"同心报母恩

"兄弟姐妹团结一心，互帮互助，把亲情记在心间"，"堂堂正正做人，勤勤俭俭持家"，这是浙江省衢州市衢江区樟潭街道91岁的胡金凤老人的家训，深深铭记在43个家庭成员的脑海中。

胡金凤老人和丈夫育有9个子女，如今，儿女们都已成家立业，全家一共

胡金凤及其家人在接受记者采访

有 9 个小家庭，43 口人。

12 年前，丈夫去世，胡金凤老人不想跟儿女们住在一起，这就给孝顺的孩子们出了难题。儿女们一合计，决定轮流陪伴母亲。他们排出了"值班表"，不管工作有多忙，轮到"值班"时，他们就会来到樟潭街道老房子里陪同母亲一起生活。

值班表一年一换，表的右下角写有一行字："母亲含辛茹苦把我们带大，母亲年岁大了，我们……"这句言之未尽的话外，是全家人用无数个日日夜夜对母亲的陪伴，写全了心中的孝道，写满了家庭的关爱。

在胡金凤家，最能感受到的是满满的幸福。老人整洁的衣衫、温热的双手、安静的眼神，都是子孙们用孝心"养"出来的。不仅儿女孝敬母亲，儿媳女婿也都视胡金凤如自己的亲生母亲。子女们还为母亲设立了基金会，用于老人看病、出游和老屋修缮等。在子女媳婿的陪同下，老人已先后去过 10 多个城市。

胡金凤房间里有一张通讯录，上面记着每个子女的宅电和手机号码，细心的孙辈们还特意给奶奶床头的电话机做了设置，按"1"是老大的电话，按"2"是老二的电话……每一个细微处都是一股暖流，静静地流淌在胡金凤心中。

老大苏阳松今年 72 岁，兄弟姐妹中，一家人提到最多的人就是他。老八苏婉芳说，我们一家人能够这样和和美美地生活在一起，离不开我大哥。父亲去世后，大哥就是这家里的顶梁柱，大小事情都是他在操持。记得我妹妹 12 岁那年，在学校上体育课时，因跑步摔跤伤得很重，得了败血症，后来又转为骨髓炎，大哥带着小妹四处求医，后来带到上海去看，开了 13 刀，花了很多钱，终于把病治好了。大哥当时就说："我宁可自己不结婚，也要将小妹的病治好！"后来，大哥直到 34 岁才娶上媳妇。家里遇上大小事情，大哥总是冲到最前面。

听了小姑子的话，大嫂接过话头说："其实，一家人对老大也是很好的。2009 年 11 月份，苏阳松得了重病，做手术时，在衢州本地的兄弟姐妹和他们的子女全部等在手术室门口；住院期间，我只管安心在医院里照顾他，其他什么事情都不用我操心。生活在这样的大家庭真好。"

多年来，9个小家庭之间团结互助、尊老爱幼、亲密无间，一个大家庭尽管人口多，却没有争吵，没有纠纷，浓浓亲情感染熏陶着每一个成员。

这个家被评为"中国最美家庭"。

十、毛芦芦的和睦之家

"毛芦芦家被评为全国最美家庭！"这条消息让衢州人深感欣慰，相互传说。

毛芦芦是衢州人耳熟能详的大作家，曾三次获得冰心儿童文学新作奖，两次获得浙江省"五一工程"奖，并获冰心儿童图书奖、全国孙犁散文一

毛芦芦在向衢州市居民宣传推介"衢州有礼"城市品牌

等奖等多种奖项，她创作的儿童文学作品深受广大读者喜爱。

1969年出生的毛芦芦是柯城区沟溪乡五十都村人，父母的文化程度虽不高，却非常重视对她的培养。对于毛芦芦而言，家庭就是她的第一所学校，而父母就是她的第一任老师。

毛芦芦的首次高考成绩不太理想，在父母的支持下，她又复读了一年。功夫不负有心人，1990年，毛芦芦收到浙江师范大学的录取通知书，成了五十都村的第一个女大学生。"没有父母的支持就没有今天的我，当时我妈坚持让我再复读一年，在父母的不断鼓励下，我才考上大学。"

毛芦芦毕业后，在工作之余从事文学创作。1994年秋天，毛芦芦与丈夫汪建飞相识，共同的文学爱好加深了他们的感情，1998年，两个人结婚了。2001年，女儿汪芦川出生。虽然工作繁忙，但夫妻俩仍然抽出时间陪伴女儿，十分重视对女儿的培养。

"最好的教育就是父母的言传身教，我们一家都喜欢看书，平时我们一般会和孩子玩飞花令、成语接龙等。"毛芦芦回忆，为了让孩子开阔眼界，培养孩子的阅读兴趣，她经常把女儿带在身边。后来，女儿被复旦大学中文系录取。

除了良好的学习环境，相亲相爱也是毛芦芦家的良好家风。

2004 年，毛芦芦的母亲突发脑出血偏瘫在床，这让原本幸福和美的家庭变得困难重重。然而毛芦芦的父亲毛金山并没有被困难压倒，毅然挑起了照顾妻子的重担。自从妻子偏瘫后，帮妻子穿衣、洗澡、翻身、按摩……便成了毛金山每天的功课，十几年如一日，不离不弃。

"父亲对长辈和母亲无怨无悔的付出，深深地影响了我。"毛芦芦说，"组建家庭 20 多年来，夫妻二人虽也拌过嘴，但总是能站在对方的角度换位思考，互相体谅。这么多年，在工作不顺心时，丈夫总是给我鼓励。我觉得家庭和睦，做什么都有信心"。

家庭给予的脉脉温情浸润着毛芦芦细腻的内心。"妈妈生病那些年，女儿还小，我的工作又忙，但我从来没有放弃过写作。"毛芦芦说，当时婆婆帮助她料理了很多家事，让她在那段最困难时期还能坚持创作。那几年，她创作了一批有一定影响力的作品，出版的战争题材长篇小说三部曲《不一样的花季》和农民工孩子励志长篇小说三部曲《不一样的童年》深受读者喜爱。毛芦芦坦言，这些成绩的背后，离不开家人的支持。

2006 年，毛芦芦出版了第一本书《芦花小旗》，为了让更多人感受到知识的魅力和读书的乐趣，从那时起，她开始给一些孩子赠书。在毛芦芦的记忆里，有个小名叫荷叶的女孩，读着她送的《芦花小旗》哭了，这让她的内心深受触动，也更加坚定要为孩子们做点什么。自那之后，毛芦芦一家开始每年给山乡学生、民工子弟和农村文化礼堂赠书 1000 余册，如今已是第 14 个年头。

2009 年，毛芦芦开始进校园为孩子们义务讲故事，这一讲就讲了 500 多场，750 多个小时，足迹遍布省内多个地方，知识的种子也播撒到上海、广州、深圳、湖北、河南、新疆等地。

在毛芦芦的潜移默化下，女儿汪芦川也点亮了自己的爱心之灯。在毛芦芦给衢州市文化馆编辑《民工文化报》期间，女儿汪芦川接触到大量民工，看到很多困难家庭，于是当时年仅 11 岁的汪芦川主动和几名困难民工子弟结成帮扶对子。"他们和我差不多大，我想尽自己的力量帮助他们。"汪芦川说，逢年过节，她会把自己积攒的零花钱送给结对的孩子们。

第二节 衢州美食

一、最好吃的"三衢味"

"梅子黄时日日晴，小溪泛尽却山行。绿荫不减来时路，添得黄鹂四五声。"

南宋诗人曾几的一首《三衢道中》，让江南五月的衢州，永远定格在中国人文历史的美丽画卷中。

到了 20 世纪之初，"有礼"的衢州人又用那看了就醉的三衢山水，一闻就忘却忧愁的稻米果蔬，几经精雕细琢，打造出一系列是食品、是礼品、又是工艺品的绝佳美食，她的名字叫"三衢味"。

"三衢味"带着野菜、野菌、野果的自然清香；"三衢味"带着九龙湖、月亮湖、仙霞湖生态水源的甘甜；"三衢味"包括了衢州特色的米面、粮油、水果、野山菌、肉禽蛋、茶叶、食品等多系列、多品种。"三衢味"的最大特色是"绿色，健康，放心，好吃"。"三衢味"体现的是衢州人仁爱、友善、谦和、诚信的"有礼"特质。

"三衢味"是衢州人在全力打造"南孔圣地·衢州有礼"城市品牌的过程中，为让更多人共同分享用衢州的好山、好水、好原料精心制作的好美食，而推出的系列农产品。

地处钱江源头的衢州，是全国九大良好生态地区之一。也是全国第一批"绿水青山就是金山银山"实践基地。拥有全国最好的生态，最优质的水源，积淀了丰富的美食文化。

为将衢州美食这一传统文化资源打造成内容丰富、张力无限的现代品牌，衢州市委、市政府将"三衢味"纳入"南孔圣地·衢州有礼"城市品牌打造体系。统一整合生产、原料供应、加工、经营销售等各方资源，并在形象包装、宣传推广等方面给予支持。

"三衢味"品牌创立后，衢州市政府在品牌准入、质量监督、品牌管理等方面提供了全过程的支持和服务，对照国际标准进行了严格管控。2018 年 7 月，

衢州市代表中国出口欧洲的水产品，全部通过欧盟委员会健康与食品安全总司的官方检查，产品质量得到欧盟官方认可。

目前，衢州"三衢味"系列产品，已全部通过国家无公害农产品、绿色食品、有机产品、中国森林食品认证；加工类产品取得 SC 食品生产许可证；实现产品质量 100% 可追溯，并已纳入浙江省农产品质量安全追溯平台。

衢州市已将加快培育"三衢味"区域农产品公用品牌，列入政府工作的重要内容，计划用 3 年时间，将"三衢味"授权农产品发展到 500 个；培育规模化、标准化"三衢味"生产基地 1000 个，将"三衢味"营销网络覆盖长三角、珠三角、京津冀等城市群。建成"三衢味"营销网点 200 家，实现"三衢味"农产品年销售额突破 100 亿元。

2019 年 9 月 8 日，"三衢味"区域公用品牌发布会隆重在浙江省人民大会堂举办。随后，"三衢味"食品走上了中国高铁，走上了北京、上海、广州等大城市的中高档餐桌，被 G20 峰会确定为指定农产品供应品牌；并代表中国亮相欧美市场。

二、"三头一掌"

"三头一掌"已经成为衢州人的招牌菜，来客必选，在衢州大小饭店、宾馆餐厅都有这道菜。

"三头一掌"就是鱼头、鸭头、兔头和鸭掌。其中鱼头一般选用开化和千岛湖的大鱼头作食材，用生态菜籽油烹饪，再加上红红绿绿的辣椒、葱花、大蒜叶，调味用紫苏，美观、大气又解馋。

鸭头、兔头和鸭掌是卤味，卤汤的配料非常讲究，有茴香、橘皮、花椒、桂皮、黄酒以及几味提香调鲜的中草药。卤制时间一般在两小时以上，要让汤汁入骨，香味浸透，肉质酥烂。

"三头一掌"的特点是"辣""鲜""香""酥"。入口酱汁浓郁，香辣十足，食之风味独特，回味悠长。

三、衢州烤饼

衢州烤饼又名烧饼，因制作时要将饼贴在炭炉上烤熟，故称为烤饼。

成熟的烤饼通体金黄，很远就可闻到其特殊的香味。食之又酥又嫩，外焦里糯，面香、肉香、葱油香、芝麻香混合着淡淡的辣味，让食者常吃不腻。

四、杜泽桂花饼

桂花饼曾是衢州杜泽人祭拜月神的贡品，现在已代替中秋节的月饼，且一年四季食客颇多，已成为衢州人日常餐桌上的一道美食。

桂花饼形似馒头，内空心，有桂花藏于体内，未吃已闻到浓郁的桂花香味，顿感食欲大振。入口松脆，香而不油，甜而不腻，咬上一口，香入脾胃。

制作桂花饼的用料主要是面粉、白糖、麦芽糖和桂花。其中桂花的采集是传家绝技，需在头天晚上为正在开花的桂花树浇足水，第二天一早在树下放好被单或塑料纸，轻轻一摇树干，桂花便纷纷落下。这样采的桂花花朵饱满，香气内敛，制作出来的桂花饼才能持久溢香。

五、龙游发糕

龙游县制作发糕已有 600 多年的历史，因"发糕"和"福高"谐音，寓意"年年发，步步高"，因而成为当地百姓逢年过节餐桌上必备的一道食品。

龙游发糕，外观雪白松软，白里透着淡淡的米黄，光滑剔透，气孔细密均匀。闻之，粽叶香、猪油香、酒酿香多香合一，食之口感软糯、香甜，易咬耐嚼，回味悠长。

龙游发糕可以直接吃，也可以煎着吃、炒片吃，还可以切成片放进汤里做成发糕珍汤。

六、廿八都豆腐

廿八都豆腐是用泥制的小火炉子炖出来的。泥炉中间放着烧红的炭火，上面安放着传统陶锅，文火慢炖，汤味完全浸入豆腐的内部。食用时每块豆腐均软烂、鲜美、香醇，有着淡淡的烟熏味，风味独特，别具一格。

廿八都豆腐之所以格外好吃，还有两点秘诀：一是豆子好，必选用当地当年产优质新鲜大豆；二是水好，从做豆腐到炖豆腐，取用的都是高山泉水。

七、常山贡面

常山贡面又叫常山素面、银丝贡面，是用精制面粉掺以山茶油，配加盐水调和拉制而成的手工面。

相传明宰相严嵩赴京赶考时，途经常山，偶感风寒，受困于中途，幸亏占家婆婆特意为其烧了一碗素面，并佐以辣椒丝、葱丝、姜丝、蒜片。严嵩一路饥饿，吃了这碗面后余味绕喉，吃过面又出了点汗，便觉神清气爽，重新踏上征途。并在京一考高中状元，后官至宰相。严嵩念及占婆婆疗疾之恩，便让人向占婆婆要了一些素面献给皇帝，皇帝食用后倍加赞赏，便下旨将索面列为贡品，赐名"银丝贡面"。

煮熟的常山贡面细如银丝，质地如玉，柔软滑爽，味道鲜美，营养丰富。并可根据人的不同口味烧制成酸汤面、葱花面、姜丝面等。又可按不同场合制作成"长寿面""喜庆面""庆功面"等。

八、炭火鱼头

炭火鱼头是衢州乌溪江上的一道传统招牌菜。

相传当年乾隆微服下江南，行至三衢的乌溪江畔，结识了一位豪爽的当地富豪朱可锡。朱可锡不知乾隆身份，便将其请至家中，给他做了一道地方名菜——炭火鱼头。乾隆闻着锅里的香气已急不可待，吃了这道菜后不仅回味无穷，且感觉身轻头清，自认为是此生吃得最好的一道菜，便结束了江南行程，强拉朱可锡北上，到了京城朱可锡才知道这位是皇上。

乾隆让朱可锡教他的御厨做炭火鱼头，朱可锡忙跪下对乾隆说："皇上，在这里我无论如何也做不出在我家那份炭火鱼头的味道。"乾隆问他原因，朱可锡说："我们做的炭火鱼头，水是乌溪江的水，鱼是从乌溪江里刚捕上来的鱼，出锅前再放进我们当地产的大叶薄荷，这样做出来的鱼头才有那特殊的香、特殊的味，并有祛寒解表、化湿和胃的功效。"

乾隆听朱可锡说得有理，只好无奈地说：那就择日再吃乌溪江炭火鱼头吧。从那时起，乌溪江炭火鱼头便更受食客们的青睐。

九、开化汤瓶鸡

开化汤瓶鸡是衢州当地人的一道美食，又是当地人食疗健身、食补强身的一道名汤。特别是在它的起源地开化，至今保留着大病初愈、身体虚弱、产后妇女专喝汤瓶鸡汤的传统。

据说在明朝时期，开化齐溪左川村有一个读书人，叫程本，早年丧父，母亲含辛茹苦把他抚养成人，并供他读书，因常年操劳，母亲的身体很虚弱，孝顺的程本便常熬鸡汤给母亲补身子，但效果一直不好。后听人说用开化当地红壤土烧制而成的土陶器汤瓶炖鸡，补养效果好。因为这种汤瓶既透气又富含矿物质，熬的汤营养不泄露，补养效果更好。程本便专门买了汤瓶为母亲炖鸡汤，时间不长，程母果然食欲大开，身体逐渐好转。

后来程本考取了功名，做了山东郓城县令，有人专为此事写了《孝子传》剧本，开化汤瓶鸡从此名声大振。

开化汤瓶鸡，鸡肉鲜香，鸡皮绵软，入口即化，香味醇香，补益效果明显。

十、开化青蛳

青蛳就是清水螺蛳，是衢州市开化县传统的河鲜美味。

长在钱江源头开化溪水中的螺蛳，泥少肉净，长着黑色细长的外壳，里面包裹着灰绿色的鲜肉。肉质鲜嫩可口，风味独特，营养丰富，在我国素有"盘中青螺碧玉"的美誉。

青蛳有清炒、酱爆、葱油焖烧等多种烹饪方法。

制作成熟的青蛳，肉嫩味鲜。略带一丝苦味，口感滑润，营养丰富，是难得的高蛋白低脂肪的天然保健品。

第三节 衢州特产

一、南孔爷爷、快乐小鹿伴手礼

聪明的衢州人，已将城市品牌卡通形象南孔爷爷和城市吉祥物快乐小鹿，制作成大小不等的布娃娃、小饰品、圆珠笔杆、扇把等工艺品，印刷在公文包、高级笔记本、精制 T 恤、小手绢上，既可作为机关事业单位组织重大活动，馈赠各级领导各类客商的伴手礼，又成为来衢州考察、游玩、休闲人士首选的特色纪念品。

二、衢州莹白瓷

衢州莹白瓷

衢州莹白瓷以其瓷质细腻、釉面柔和、透亮皎洁、薄如锦、洁如玉、滑如脂、明如莹、看似象牙又似羊脂白玉而成为瓷中珍品。

衢州制瓷历史悠久。早在新石器时代晚期，衢州先祖就在丘陵地带建窑造炉，利用本地黏土烧制成硬陶和印纹硬陶，用石灰釉烧制泥釉黑陶。到了商代，便在衢州江山区域内烧出了原始瓷。

衢州莹白瓷源自婺州窑的堆塑工艺。到了东汉和三国时期，婺州窑的艺人们便可娴熟地运用捏塑、粘贴、雕刻、镂空等技艺，在各种陶瓷器物上展现人物、动物、花鸟虫鱼、亭台楼阁等形象生动的图案。

孔氏后人南迁，定居衢州后，朝廷不断赏赐上等瓷器供孔氏南宗使用，同时带来了北方制瓷的精湛工艺。从此，兼容南北制瓷工艺的衢州莹白瓷得以较快发展，至明代永乐年间已自成一体。

衢州莹白瓷的主要原料是高岭土、瓷土、石英和长石，起决定作用的是瓷土（黏土）。由于衢州余东村的瓷土中含有微量的铅和微量的铁，这两种元素在烧制过程中混合反应，形成特有的黄色，便决定了衢州莹白瓷白中微黄的特色。这是大自然赋予衢州的无价之宝。

衢州莹白瓷以其独有的品质，曾几次获国家部级奖励，19 次获浙江省奖励，并被北京故宫博物院、钓鱼台国宾馆收藏，作为珍品赠送外国贵宾。

2008 年，衢州莹白瓷被列入浙江省重点传统工艺美术保护扶持项目。

2009 年，衢州莹白瓷制作工艺被列入浙江省第三批非物质文化遗产名录。

2010 年 7 月，原国家质检总局批准对衢州莹白瓷"实施地理标志产品保护"。

在大力发展"南孔圣地·衢州有礼"城市品牌打造活动中，衢州市再次将"衢州莹白瓷"作为重点保护、重点发展的"有礼"产品。

三、江山西砚

西砚，又名紫金砚，因其石产自浙江省衢州市江山大陈岭乡的砚山，砚山前有一清溪名"西溪"，用此处石料做成的砚便叫"西砚"，或称"江山西砚""衢州西砚"。

"西砚"已有 1000 多年的生产历史。因生产西砚的石料久被泉水浸润，制成的砚台研之无声，贮墨不干，遇冷不冻，发墨

江山西砚

快而不损笔锋。自古便有"声价端溪一例夸"之评价。相传"唐宋八大家"之一的苏轼，离任杭州知府时，当地父老夹路相送。送行人带了许多珠宝名器、珍贵丝绸等礼品，都被苏东坡一一谢绝，唯独收下一方西砚。2010 年，江山市委书记率团赴台湾拜会蒋孝严时，将江山西砚作为衢州特色文化产品送给蒋孝严，蒋孝严收到后再三观赏，高度赞誉。

江山西砚曾在中国（浙江）非物质文化遗产博览会、义乌国际文化产业博

览会、国际休闲产业博览会、中国旅游商品大奖赛、浙江省工艺美术精品展等文化活动中接连获得金奖，并获得国家轻工业部文化产品优质奖，入选浙江省非物质文化遗产名录。

江山西砚现已畅销全国 20 多个省市，并远销日本、新加坡、韩国等 10 多个国家。

四、开化桃花纸

开化纸，又名桃花纸，因这种纸的表面微微泛红而得名。开化纸最早起源于唐代，是明清时期价格最贵的纸，也是宫廷典籍专用纸，是中国古代纸中极品。

正宗开化纸其纸细腻，薄而不透，挺括，洁白绵韧，无帘纹，有白玉般润目之感。用这种纸印制的书籍纸精、墨妙、光鲜、质感强，"千年不更其色"，又称寿纸。

《菽园杂记》的作者明成化年间进士陆容，曾如实记载一段由开化纸而引发的辛酸往事："浙江衢州民以抄纸为业，每岁官纸之供，公私靡费无，而内府贵臣视之初不以为意也。闻天顺间，有老内官自江西回，见内府以官纸糊壁，面之饮泣，盖知其成之不易，而惜其暴殄之甚也……"文字虽不多，却充分说明了开化纸来之不易，开化纸在当时已相当珍贵。

清同治八年（1869 年），紫禁城武英殿失火，将殿内珍藏近 200 多年的雕版、书籍、材料、印刷工具等焚烧一空。武英殿刻书业开始走向衰败，作为贡品的开化纸也随之落入低谷。接着，太平军长期盘踞浙西，开化造纸原料和造纸设备都在战乱中被破坏或损毁，开化造纸技艺逐渐失传。世间再无开化纸，便成为许多史学工作者的心头之憾。

2009 年，以开化纸为历史渊源衍生出的开化贡纸制作技艺，被列为浙江省非物质文化遗产保护项目，但并未因此而改变"世间再无开化纸"的局面。

一个偶然的机会，正在开饭店的开化农民黄宏健，听人议论起开化纸的珍贵，开化纸生产技术失传的可惜。有人甚至说："开化纸生产工艺失传，不仅是开化县的损失，也是我们中国人的重大损失。"

年轻人不信这个邪，同样吃着开化的饭，喝着开化的山泉水，古人都能生产出开化纸，我们现代人为什么不能让开化纸重回生机？

从那时起，黄宏健便研究开化纸的生产技艺，他卖掉饭店，住进山里，天天同各种植物打交道，后来又只身一人赴北京，找专家求学问技。

黄宏健的行为打动了政府，开化县委、县政府把恢复开化纸生产技艺列入重要议事日程，专门成立了开化纸传统技艺研究中心和开化纸研究院，并用真诚打动了中国科学院院士，原复旦大学校长杨玉良。这位一生不兼职的老专家，不仅同意了开化县政府在开化县设开化纸技艺研究院士工作站的邀请，还亲率复旦大学中华古籍保护研究院的科研团队，全力助推开化纸研发的事业。

历经两年多的联合攻关，开化纸复兴项目终于拨云见天。2017 年 11 月 23 日，来自北京大学、复旦大学、美国斯坦福大学、加州大学等国内外专家学者，共聚开化，参加开化纸国际研讨会。

复旦大学研究团队向这次国际研讨会发布了最新研究成果：开化周边高山上分布的北江尧花植物是生产开化纸的主要原料。研究团队实验室用这种原料生产的样纸，经权威检测，纸质寿命可达 2825 年，各项指标均达到原开化纸的标准。

这项研究成果已经向世界宣示：纸寿千年的开化纸终于重出江湖！

国家图书馆、浙江省图书馆分别派人亲赴开化，商讨古籍修复用纸事宜。广州市政府也公开宣称，为复印皇皇巨著《广州大典》，他们已经为开化纸复出苦等了近 10 年。

2019 年 8 月，在瑞典斯德哥尔摩国际邮展上，一枚雕版凹印的"帆船"邮票，是用中国手工开化纸印制的。

这标志着中国开化手工纸已经重回文化殿堂，并走向国际舞台。这标志着发达国家印制重要典籍从不选用中国纸的历史已经结束。

这还标志着，作为中国四大发明之一的纸的生产，中国重回权威地位。

五、江山蜂蜜

衢州市的江山市，是中国蜂蜜之乡，是中国最大的养蜂市。全市蜂群已发展到 25.23 万箱，蜂业规模与经济效益已连续 20 多年位居全国各县（市）第一位，蜂产品出口总量居全国各县（市）之首，其中蜂王浆出口量占全国出口总量的 65%。

江山市因生态优越，四季花开遍地，养蜂业发展由来已久，2010 年，全市

江山市绿色有机养蜂生产基地

养蜂从业人员已发展到 50 万人。

2002 年 1 月 31 日，欧盟宣布中止进口中国动物源产品（包括蜂蜜、蜂王浆），是对全国养蜂业的沉重打击。

为支持养蜂业的发展，江山市采取了一系列行之有效的措施：一是市财政拨专款建立蜂业发展奖励基金；二是引导蜂农创办了江山市蜂业发展合作社；三是通过自愿结合的办法，组建了 36 家蜂业生产公司；四是建立了 400 多个绿色有机养蜂生产基地，并推广公司＋基地＋农户的运作模式提高蜂产品质量；五是参照欧共体 2090/91 有机农业生产条例，提出了全市养蜂业养殖规范和蜂产品质量标准，并严格标准监管；六是抢抓浙江省"科技富民强县"活动机遇，主动同省科技厅对接，引进蜂业科技成果，并同相关科研院校合作，建立江山市蜂业质量监测研发中心，在全国率先制定了"蜂种""饲养管理""疾病防治"等五个浙江地方系列标准和"无公害蜂产品安全要求""无公害蜂产品产地环境要求"两个国家级标准。为全市蜂产业的发展提供了有力科技支撑。

2002 年底，江山恒亮蜂产品公司的产品，便以有机、绿色为特点，率先打破壁垒，获准出口欧盟。其他各企业紧随其后，逐步实现"破壁重生"。至2005 年，江山市蜂产品通过欧盟检测，全面进入欧盟市场。

现在江山市的蜂产业已从蜂蜜、花粉、王浆、蜂胶等传统农副产品，向生物工程、医疗保健、美容养颜等功能性产品转变；从单纯的蜂蜜、蜂王浆向有机蜂王浆、蜂胶软胶囊转变。特别是江山市生产的有机蜂王浆出口欧美后，每公斤售价折合人民币 200 元以上，蜂胶胶囊更成为江山人的紫色黄金。靠科技力实现的蜂业转型，为江山市蜂农带来了相当于传统蜂产品 6 倍以上的收益。

六、开化龙顶茶

开化龙顶茶是中国特级名茶。素有"滚滚钱江潮，壮观天下龙，龙头接龙尾，龙头是龙顶，龙尾是龙井"一说，又有"一叶龙顶羞群芳"的美誉。龙顶茶采用高山良种茶树，经传统工艺精制而成。外形挺秀，银绿披毫，质香持久，鲜醇甘爽，杏绿清澈，匀齐成朵。具有干茶色绿、汤水青绿、叶底青绿的"三绿"特征，多次获得为中国农业博览会金奖。

常饮龙顶茶具有助消化、提神醒脑、降血脂、减肥、明目、利尿、消肿、抗菌消炎、抗动脉硬化、降血压、抗疲劳、解酒毒、益气、美容养颜、延缓衰老等多种功效。

七、常山山茶油

衢州市常山县已有 2000 多年生产山茶油的历史。山茶油曾长期作为历代皇朝贡品。

常山山茶油由山区野生山茶果提炼而成，经常食用可有效改善血液中胆固醇含量，是高血压、心血管疾病、脂肪肝患者食疗的理想食用油。采用山茶油作为原料制成的化妆品，有润肤护发、美容养颜的功效。

常山山茶油现有品牌"东茶""常发""山神""常禧""八面山"等，均已通过国家地理标志产品认证。

八、志棠白莲

志棠白莲因主产地在衢州市志棠镇而得名。具有籽粒大、肉质厚、色泽白、香味浓、煮烂快等特点。历史上同福建建莲、湖南湘莲齐名。

志棠白莲营养丰富，有补脾止泻、益肾滋精、养心安神等功效，远销港澳和东南亚各国。

九、江山绿牡丹茶

江山绿牡丹茶园

绿牡丹茶料早采嫩摘，坚持雨露叶不采、瘦小叶不采、病虫叶不采、紫色叶不采的原则。清明前开采，谷雨后结束。采摘标准为一芽一叶到一芽二叶初展，芽长于叶。采好的鲜叶经摊放、杀青、轻揉、理条、轻复揉、初烘、复烘等多道工序。并坚持一人炒制，一人执扇扇风，加速水分蒸发，减少茶多酚等内含成分在湿热条件下继续氧化。

绿牡丹茶色泽翠绿、香气清鲜，是"色、香、味"俱佳的"三绝"珍茗。曾荣获"全国优质茗茶""浙江省优质农产品"等称号。

十、龙游"飞鸡"

一只鸡卖 198 元，一斤鸡蛋卖 16 元，价格比普通鸡和鸡蛋的价格高出近 10 倍，仍然供不应求，常出现一鸡难买、一蛋难求的局面。这不是天方夜谭，是正发生在浙江省衢州市龙游县实实在在的事。

龙游飞鸡

卖鸡人一个叫胡潇文，浙江省龙游县龙洲街道山底村人，另一个叫陈淑君，天津人，胡潇文的朋友。

2016 年的一天，已在深圳创业，收入颇丰的胡潇文约了几个朋友到老家游玩，中午吃饭时，胡潇文的家人给他们炖了一锅鸡肉。在离家好远时几个朋友就惊讶地说："潇文，今天请我们吃什么大餐，这么香？"鸡肉刚端上来，朋友们便顾不得斯文，抓起筷子，如狼似虎般地吃那盆鸡肉，一桌其他菜还尚未动筷，一盆鸡已被抢吃一空。陈淑君无奈地夹着鸡肉盆中的炖菜，意犹未尽地说："这盆鸡，是我长这么大以来，吃得最香、最有味的美食，你们是怎么做出来的？"

"这是用我们当地的龙游麻鸡，用老家土办法炖出来的。"胡瀚文解释说。

"什么龙游麻鸡？"陈淑君瞪大了眼睛。

"这种鸡是我们龙游的地方品种，平时在林地里，水溪边觅食小虫，一有人或动物靠近，便像麻雀一样扑棱棱飞到树枝上，因此叫龙游麻鸡。"

"那就对了，这种鸡吃野食，经常展翅高飞，运动量大，这里生态好、空气好、环境好，我可以断定，这种鸡不仅瘦肉多、肉味香，营养价值也一定高，一定可以卖个好价钱。"陈淑君眉飞色舞地说。

"那你就帮俺销售吧。"胡瀚文半开玩笑半认真地说。

两个月后，陈淑君打电话给胡瀚文："我已建了一个专门卖鸡的移动互联网销售平台，咱们一起卖你家乡的鸡吧。"

胡瀚文被陈淑君的真诚打动，他们各自辞去在繁华都市的工作，一起回到龙游县。

根据龙游麻鸡善飞行、会游泳的特点，他们注册了一个响亮的品牌——"龙游飞鸡"。

"龙游飞鸡"就此在两个年轻人的策划中问世。

他们采取公司＋基地＋农户的模式发展"龙游飞鸡"产业。

他们经过几番调查，聘请专业养殖专家编写了一份《龙游飞鸡养殖手册》。

鸡苗由他们免费提供，防疫药物由他们按规定时间免费送到养殖户家里，成鸡和鸡蛋销售由他们负责。成鸡和鸡蛋从养殖户手中的收购价比当地市场价高出一倍以上。

养殖户只要按养殖手册养殖，便可以轻松赚大钱。

胡瀚文算了一笔账：每养一只鸡一年可以赚 100 元，每个农户养 200—500 只鸡，一年便可以净收益 2—5 万元。一个村一年销售 5000 只以上的"飞鸡"，村集体可以增收 3 万元以上。这个方法，调动了养殖户和村集体的积极性。

如今，"龙游飞鸡"的养殖，已从最初的 7 个村、50 户，发展到全县 15 个乡镇、86 个村、500 多户。

2018 年，第一批 8000 只"龙游飞鸡"远嫁他乡，翻山越岭 1700 多公里，落户四川省叙永贫困县。随后在那里发展了 6 个乡镇养殖，至少带动 1800 名

贫困人员脱贫。

叙永模式正在向浙西邻近省、市复制。

"龙游飞鸡"不仅为浙江省衢州市增加了一个响当当的品牌，同时也成为"致富使者"惠及四方。

第四节 衢州美景

一、世界自然遗产江郎山

江郎山三爿石

江郎山位于衢州市辖江山市石门镇境内，仙霞山脉北麓。在海拔500多米的群山连绵之地，突兀地矗立着三块雄伟奇特的巨石，如同天剑巨斧劈削而开，数十里外可见，令人叹为观止。这就是拥有"神州丹霞第一奇峰"之称的江郎山"三爿石"。

千百年来，江郎山的奇峻引来了无数文人骚客。早在1000多年前，就有大诗人祝其岱弃官隐居在江郎山下；宰相张九龄在此留下了"攀跻三峰下，风光一草庐"的诗句；南宋诗人辛弃疾行至此地时，则以一首"三峰一一青如削，卓立千仞不可干，正直相扶无依傍，撑持天地与人看"道出了江郎山的神韵。

古时的江郎山，山势险峻令游人望峰兴叹，如今，江郎山已成为"吃、住、行、游、购、娱"服务一体化、交通快速便捷的国家级重点风景名胜区和国家级5A级景区，有"雄奇冠天下，秀丽甲东南"之誉。游客可沿郎峰石壁凿出的3500余级台阶，攀缘约1000米到达极顶，仁立峰巅，放眼环顾，千年古刹开明禅寺和千年学府江郎书院坐落在葱茏玉翠的江郎山间，百里山川，乡村四野尽收眼底。

2010年8月，江郎山作为"中国丹霞"系列提名地之一列入世界自然遗产名录，除"三爿石"外，整个江郎山风景区群山苍莽，林木叠翠，拥有全国之最的一线天、天然造化的伟人峰、惊险陡峭的郎峰天游、千年古刹开明禅寺、千年学府江郎书院、全国最大的毛体"江山如此多娇"摩崖石刻、"烟霞亭"等景点100余处。

二、世界灌溉工程遗产姜席堰

姜席堰位于衢州市龙游县灵山港（旧名灵溪）下游后田铺村。从建成至今已有680多年的历史，有"龙游的都江堰"之称。2018年8月13日，在国际灌排委员会第69届国际执行理事会全体会议上，入选2018年世界灌溉工程遗产（第五批）名录。

姜席堰

姜席堰枢纽工程由上堰、沙洲、下堰、泄洪冲沙闸以及渠首分水闸五部分组成。整个枢纽以河道中的沙洲为纽带，上连姜堰，下接席堰，组成一条长约630米，略似直角形的拦水坝。在河道上利用沙洲堰坝组成一体的大胆构想和高超的筑堰技艺，是姜席堰的一大特色，在中国的治水史上十分罕见。

由一块块方形岩石砌成的拦水坝非常有形，一块块岩石，虽然已经历了600多年的河水浸润，依然脉络清楚，整齐好看。上游的河水经过拦水坝时，原本湍急的河流，明显降低了速度，变得文雅而滞缓起来。整道拦水坝是先用松木打好一个一个的框架，然后再将岩石往框架里填。松木的抗水蚀性非常好，在水中放千年都不会烂，经久耐用，一座600多年的古堰，数百年来一直默默地发挥自己的作用，滋润灌区，造福百姓。

三、钱江源国家公园

钱江源国家公园地处衢州市开化县，与江西省婺源县、德兴市、安徽省休宁县相毗邻，面积约 252 平方公里，包括古田山国家级自然保护区、钱江源国家森林公园、钱江源省级风景名胜区等 3 个保护地，以及连接以上自然保护地之间的生态区域，涵盖 4 个乡镇，21 个行政村，72 个自然村。是全国首批 10 个国家公园体制试点区之一，也是浙江省唯一的试点区。

钱江源国家公园主要保护对象是大面积低海拔中亚热带原始常绿阔叶林，试点的目标是通过整合建立实体化管理机构，实现对试点区自然资源"统一、规范、高效"的保护与管理，形成可复制、可推广的国家公园体制建设经验，为浙皖赣及其周边地区，特别是江河源头区域的生态文明建设提供创新示范。

走进钱江源国家公园，仿佛走进了一个巨大的生物基因库。这里仍保存着大面积、全球稀有的中亚热带低海拔典型的原生常绿阔叶林地带性植被，全域共有高等植物 2062 种，鸟类 237 种，兽类 58 种，两栖类动物 26 种，爬行类动物 51 种，昆虫 1156 种，其中珍稀濒危植物 61 种、中国特有属 14 个，这里还是中国特有世界濒危国家一级重点保护野生动物黑鹿、白颈长尾雉的全球集中分布区。中国科学院院士魏辅文认为：黑鹿是一种堪与大熊猫媲美的中国特有动物，目前，他和他的团队正在这里开展一系列与黑鹿有关的科学研究。

钱江源国家公园

四、江南儒城水亭门

"江南儒城·水亭门"景区位于衢州古城西隅，北至新河沿，南至南湖西路，西临信安湖，东至五圣街，含水亭门历史文化街区、古城墙遗址公园两大区块，总占地面积约 20 万平方米，是一处集商文旅一体的复合型旅游景区。

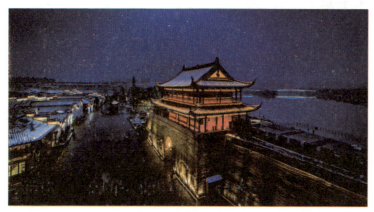

水亭门

衢州人常说："不识水亭门，枉为衢州人！"水亭门历史文化街区是衢州市区仅存的两个历史文化街区之一，也是传统风貌最集中、历史文化遗产最丰富的街区。各类建筑风格及街巷肌理保留完好，形成了纵横交错的"三街七巷"格局，街区内保有大量历史遗存，其中全国重点文物保护单位两处（衢州城墙—水亭门、周宣灵王庙）、省市级文物保护单位 12 处（天妃宫、神农殿、细菌战纪念馆、杨家大院、达源号钱庄等），其他历史建筑 36 处。

为重塑名城历史风貌，重现繁荣盛景，衢州始终遵循敬畏历史、尊重历史、还原历史的原则，通过传统工艺恢复明清建筑风格，提升建筑品味。在彰显古城新气象的同时，实现信安湖与水亭门历史街区的无缝连接，彻底改造原江滨公园基础设施，成功打造了一个融历史街区、城墙风貌、滨河绿地、信安湖景观于一体的多元滨江休闲公园，成为市民游客休闲、观光的好去处。

2016 年 9 月 28 日，水亭门历史街区正式开街，餐馆、酒吧、茶楼、西点、手工艺等当代休闲商业销售火爆，邵永丰、儒文化餐厅、半书房、白糖饼、古铺良食等本土传统品牌作为非遗技艺在街区也得到传承展示，使街区成为一个

开放的博物馆，让游客在观光消费中体验认知传统文化。自开街以来，无论是商业氛围还是群众口碑，都得到社会各界的一致好评，伴随着旅游资源逐步丰富、配套设施的陆续完备和街区知名度的大幅提升，现在的"江南儒城·水亭门"4A级景区已逐渐成为衢州市文化、旅游、休闲新地标，旅游文化的"金名片"。

五、森林仙境天脊龙门

天脊龙门（原名龙门峡谷）景区位于衢江区黄坛口乡龙门村，距市区34公里。是集观光旅游与休闲度假于一体的国家4A级景区，也是国家级森林公园、省级风景名胜区——紫薇山国家森林公园的主景区之一。

景区内山岭走向复杂，集奇山异石、天然洞府、幽谷川流和自然园林景观于一体，聚山、林、泉、瀑、云、雾等奇观于一谷，形成了险、雄、奇、秀、幽之形胜。这里有海拔千米以上的山峰54座，其中水门尖海拔1452.6米，为衢州市境内最高峰之一。相传白娘子与法海和尚斗法，水漫金山，淹没了浙江境内所有高山，唯独水门尖露出一翠峰。一条近2公里长的"飞龙在天"栈道，也是景区的一大亮点，它盘旋起伏在崇山峻岭之间，几乎贯穿整个游程，从山下远远望去，真有几分神似一条在悬崖山脊间蜿蜒起伏的龙，有着"绝壁天梯"之称。还有隔峰相对，酷似一对龙角的龙门石笋；呈鼎状"龙爪"的三鼎山；如蛟龙吐水直泻龙潭的龙潭飞瀑；落差达205米，"山间一夜雨，树映百重

森林仙境天脊龙门

泉"的天脊背瀑布；于半山腰之间时有云雾喷出似蛟龙吞云吐雾可测晴雨的龙洞等。

在天脊龙门，夏居"三伏"可避暑，冬离"三九"可观雪。晚赏明月，晨观日出；行可登云攀梯，住有亭台楼阁，食有山珍野味；送夕阳，听松涛，淌龙潭，别有一番情趣。

六、南孔圣地——孔氏南宗家庙

浙江衢州孔氏南宗家庙坐落于衢州市区府山街道新桥街，是全国重点文物保护单位。衢州孔庙是全国仅有的两座孔氏家庙之一，素称"南宗"。据史载，北宋末年，宋都汴京（今河南开封）陷入金兵之手。宋高宗赵构仓促南渡，孔子第 47 代裔孙、衍圣公孔端友，负着孔子和亓（qí）官夫人（孔子夫人）的一对楷木像（据传为孔子学生子贡所刻），离开山东曲阜南来，定居于衢州。宋高宗宝祐三年（1255 年），敕建孔氏家庙，是为南宗。孔子后裔子孙已在衢州度过了 800 多个春秋。衢州作为孔子后裔的第二故乡，向有"东南阙里""南孔圣地"之称。

孔氏南宗家庙曾经三迁三建，十多次修葺。现址的孔庙为明武宗正德十五年（1520 年）所建，位于衢州府城东隅，占地约 20 亩，基本上是按照山东曲阜孔庙的规模规划建造。建筑占地面积约 13900 平方米，分为孔庙、孔府及后花园三部分。

整个建筑群坐北朝南，平面呈纵长形，以 3 条轴线布局。东轴线上有孔塾、崇圣门、崇圣祠、圣泽楼等建筑。中轴线上有孔庙大门、大成门、甬道、大成殿、东西庑等建筑。西轴线上有五支祠、袭封祠、六代公爵祠、思鲁阁等建筑。西轴线稍西为世袭博士署，即孔府奉祀官府。家庙历经各代的多次维修，但仍保留宋代的建筑形制和规模。

庙前设有"金声""玉振""棂星""大成"四门。前左为"金声门"，右为"玉振门"，金声、玉振两门之外，有"德侔天地""道冠古今"两块牌坊。庙门为一座单体歇山顶建筑，在石须弥座的围墙衬托下，显得威严庄重。庙门上方，悬挂着一块由当代著名书法家沙孟海题字的"衢州孔氏家庙"额，字体苍劲有力。正门两边一对石狮，显示出圣地的尊严。据了解，庙门是根据明代衢州孔氏家庙图，结合清代建筑风格重新设计的。进而正中，立石结构三拱式的

南宗孔庙

"棂星门"，再进为"大成门"，门之左右均为碑亭，立宋宝祐间礼部尚书、翰林学士赵汝腾撰写的创建家庙碑等十七块碑石，碑文均由当朝政要、社会名儒撰记。

南宗孔庙大成殿内进大成门可上佾（yí，古代乐舞的行列，一行八人叫一佾）台，是祭祀孔子时歌舞的地方。一座全部由青石铺成的170平方米的佾台，紧接佾台的是孔庙的主殿大成殿，是庙内的最高建筑，它是一座重檐歇山顶明代建筑，殿阁雄伟，气势不凡。双重飞檐中立有一块竖匾，上书"大成殿"三字，檐下挂着"生民未有"匾额，为清代雍正皇帝御笔。殿内一块清代康熙皇帝撰写的"万世师表"匾额，悬挂在正殿上方。大殿高23米，长和宽各9米。殿内正中是孔子坐像，两旁是其子伯鱼及孙子思像。横梁上悬有十余块历代帝皇御书匾额。殿内共有木质圆柱12根。其中最大的圆柱周长1.80米，成人伸展双臂也难以抱全。殿前甬道的东西两侧各有九间房子，叫"两庑"，是供奉先贤的地方。东西两庑祀十二哲、中兴祖孔仁玉以及孔传、孔端友。

金声门左，是家塾所在，内进为崇圣祠，祠后是圣泽楼（旧称御节楼），祠前稍西为报功祠，祀官绅之有功于南宗者。玉振门右有五支祠、袭封祠、六代公爵祠及思鲁阁等建筑。思鲁阁上奉孔子及亓官夫人楷木像，像高不足两尺。孔子长袍大袖，亓官夫人长裙垂地，形象生动。阁下立有"先圣遗像"碑，碑高2.07米，宽0.85米。相传为孔端友根据唐代画家吴道子手迹摹刻的。

在家庙之西，连接世袭翰林院五经博士府（俗称孔府或博士衙门）。博士府后进为内宅，与家庙大成殿齐平。

七、衢州人的"城市阳台"——信安湖

衢州市信安湖国家水利风景区依托塔底水利枢纽衢江城区段和乌溪江下游河段而建。湖区坐落于衢城中心,湖围南孔古城,水润城市新区,主湖面长12公里,环湖堤防30.7公里,生态防洪堤岸15公里。一湖春水将古城文化与现代文明和谐联接,历史之城、现代之城和未来之城隔湖相望,开阔如漾的湖面和狭窄如巷的引水渠将绿水、湿地、山林、城郭、小桥、飞舟有机联接在一起,"风来花戏水,橹起鸟掠云。水城唱响三江汇,总把信安比西湖"。2018年信安湖入选浙江省最美绿道。为衢州市步入"国际花园城市"做出了重大贡献。

"信安"之名因衢州古称信安郡而得,寓意"信义、平安",是打造"一座最有礼城市"的基础。

信安湖景区规划面积15—22平方公里,水域面积6.2平方公里。衢州市先后投入20多亿元,打造滨水绿廊200多公顷,环湖绿道50多公里,建成垂直喷高217米的全球第一高喷信安湖喷泉,最具现代化水平和观赏效果的"水亭门光影秀"。使信安湖景区成为集休闲娱乐、旅游观光、运动健康、湖滨度假、绿色养生为一体的"幸福湖"。

2017年"全国全民健身日"主题活动在信安湖水亭门主办,国家体育总局将衢州市确定为"全民健身重点示范城市"。

2017、2018、2019连续三年,衢州市在信安湖景区承办了中国滑水巡回大奖赛和衢州TF国际铁人三项邀请赛,环信安湖马拉松赛吸引近千名美国、俄罗斯、荷兰等国家的运动高手走进衢州、走进信安湖,领略中华传统文化与现代科学技术无缝对接的东方之美、中华之美。

八、衢州母亲山——三衢山

三衢石林景区位于常山县宋畈乡境内,距县城12公里,交通便利。景区以天坑、紫藤峡谷、石林迷宫等典型的喀斯特灰岩岩溶地貌景观为主要特征,融石林奇观、峡谷险胜、山林野趣于一体。

三衢山是衢州的母亲山,景区内喀斯特地貌发育完全,景观以典雅精致见长,石林造型奇特,惟妙惟肖,层次感强,变化无穷。主要景点有赵公岩、三

衢圣母；中部的小古山，景观以奇、险、美为主要特色，其景点有猴子观海、独树江南；西面的大古山，景观以曲折幽深、气势宏伟著称，其中的三衢长廊、紫藤峡谷、仙人洞等被中外游客称之为"江南一绝"。此外还有百狮争雄、仙女梳妆、龙蛇争霸、双龟峰等50多个景点，被誉为"华东第一石林""世界上罕见

三衢山

的地质地貌景观""世界最大的天然盆景""世界最大的象形石动物园"。

距离县城5公里处的二都桥黄泥塘"金钉子"剖面，是国际地科联组织在我国确立的首枚"金钉子"，也是我国境内唯一保存完好的人类地质和古生物遗产，其地质剖面形成于4.5亿年前。

距"金钉子"剖面不远处的同弓太公山白鹭生态旅游区，在不到4公顷范围内聚集了3万多只鹭鸟，群起群落间，形成了一道壮丽的自然景观。

三衢山独特的地貌孕育了丰富的人文景观。唐《元和郡志》记载：因"州有三衢山，故取名衢州"，因而三衢山被称为"衢州母亲山"。

九、围棋仙地烂柯山

烂柯山

烂柯山，又名石室山、石桥山，位于浙江省衢州市东南10公里处。这里黛峰翠幛，景极幽邃，是浙江省著名风景名胜区。

据北魏郦道元《水经注》所载：晋时山下有一叫王质的樵夫到石室山砍柴，见二童子正在一石板

前下围棋，便驻足观看。一局未终，一童子对他说："你的斧柄烂了，还如何砍柴，快回家吧。"王质回到村里，老幼皆不相认，方知已过去数十年。从此，

后人便把石室山称为烂柯山，并把烂柯作为围棋的别称。

从汉代开始，历代文人雅士中有数十位知名大家到过烂柯山观景探秘，留下许多诗篇，唐孟郊《烂柯山石桥》诗是这样写的：

> 樵客返归路，
> 斧柯烂从风。
> 唯余石桥在，
> 犹自凌丹红。

烂柯山风景区方圆约 8 平方公里，群山盘回，石奇崖险。驻足山下远望，可见山巅一条石梁悬空而架，仿佛是依山凿就的一座大石桥，犹如半天虹霞，蔚为奇观。景区内有石梁、青霞洞、一线天、金井玉田、仙人棋、日迟亭、柯山塔、宝岩寺、忠壮陵、梅岩、赤松岩、集仙观、崇文洞、樵隐岩等众多景点，可谓踏上登山路，一步一奇观，石下饮山泉，常人也成仙。

十、衢州小南海

小南海风景区位于浙江省衢州市龙游县城北 3 公里衢江之阳的凤凰山，地处衢江与灵山的交汇处，"双溪合流，风光绝胜"。

相传观音菩萨从西天归来，路过凤凰山，见这里竹林茂密、清溪绕翠、百花飘香，误以为到了南海紫竹林，便停下来参禅歇息，后来才发现此地不是她原先

小南海镇团石村风景照

的道场，但仍对此处印象深刻，以后常向身边仙姑提及，人们便把这个地方称为"小南海"。明宣统元年，为完成观音夙愿，南海普陀山便派忠禅大师专程来到此地。规划建设了竹林禅寺，"小南海"从此实至名归。

小南海环境清幽，建筑依山顺势，高低有序，错落有致。风光宜人，青山绿水相称，古树巨松掩映，山、水、洞、庙一体，引人入胜。江中绿洲，草被

如茵，芦苇广布，杂树密接。溪中卵石成堆，沙滩洁白如玉，是休假、渡憩、娱乐的理想场所，集游览观光、怀古朝圣、宗教朝觐于一地，是一处不可不去的风光胜地。

第五节 特色村镇

一、江南毛氏发祥地——清漾村

本书作者在清漾村调研

位于世界自然遗产江郎山下的江山市清漾村，近年得到浙江省和衢州市的重点保护及大力推介。

这主要是因为清漾人为中华优秀传统文化，特别是中华根祖文化的保护和传承做出了重大贡献，他们冒着种种风险，不仅完好保护了千年毛氏宗祠，还完好地保护了传承数十代人的《清漾毛氏族谱》。正是靠着这套毛氏族谱，现代人才了解了毛氏的渊源和在江南的发展史。

据这本珍藏的《清漾毛氏族谱》记载：江山一直是江南毛氏聚居的中心，自毛宝八世孙毛元琼（号清漾）定居江郎山北麓，后来其子孙以毛元琼之号为村庄命名，才使清漾村成为江南毛氏的发祥地。

清漾毛氏充分继承了毛氏先人"勤劳、善良、好学、务实"的优良传统，家风朴实，英才辈出，历史上曾从这里走出过8名尚书，83名进士。宋代大词人毛滂，明代礼部、吏部、刑部三部尚书毛恺，台湾著名国学教授毛子水都是清漾人。伟大领袖毛泽东系清漾毛氏第56代嫡孙。

当年毛泽东欲寻毛氏宗源，途经衢州时曾停车寻问"三衢"，却因各种原因失之交臂，留下无限的遗憾。

国家档案局经严格考证，将《清漾毛氏族谱》列为国家级历史文化遗产。

习近平总书记了解情况后曾亲赴清漾村，要求对这一珍贵的历史文化遗产"规划好，保护好，开发好"。

清漾村

衢州市、江山市和清漾村根据习总书记的指示精神，充分利用清漾毛氏祖先们世代传承的历史文化资源，通过保护、传承、提升，现已将清漾村打造成以传承传统优秀历史文化为主线的美丽乡村。

如今的清漾村古风朴厚，山水入画，已被列为浙江省廉政文化教育基地、全国爱国主义教育基地。湖南韶山毛氏、江西吉水毛氏、浙江奉化毛氏、广西贺州毛氏、台湾毛氏代表先后到清漾祭祖认宗，交换族谱。毛泽东嫡孙毛新宇等多次到清漾村拜祭先祖，国内外根祖文化的研究人员多次到清漾考察。国内外游人已把世界各地的先进文化带进清漾村，为清漾村的加快发展注入了新的能量。

二、中国村歌发祥地——大陈村

在浙江省衢州市江山市区西北 10 公里处，有一个国内外闻名的大陈村。这个村 1300 多人，上至 80 多岁的老人，下至 10 岁左右的儿童，人人爱唱歌、会唱歌，每周组织一次村歌比赛，每年组织一次村歌大赛。村民们唱着村歌，口袋一年比一年鼓，村容村貌一天比一天美，村风民意一年比一年好。他们共同将这个村唱成了全国文明村、首批全国乡村旅游重点村、国家级森林乡村、全国最美乡村、全国村歌示范基地。2020 年 12 月，"庆丰收·迎小康"中国村歌大赛总决赛在大陈村隆重举办。来自全国 15 个省（自治区、直辖市）的 15 支村歌代表队参加了决赛，大陈村获决赛特别贡献奖。国家农业农村部、中国农业绿色发展研究会领导出席活动并颁奖。

15 年前，因一桩用地征迁纠纷激化了大陈村的干群矛盾，几个村民联合起

大陈村

来告状进了北京城，使这个具有千年文化底蕴的历史古文化村成了乱村、差村。

正在杭州做生意的大陈村退伍军人汪衍君，临乱受命，告别杭州城，回村担任村党支部书记。

工作从哪里入手，如何把大陈村干部群众已经散了的心再收回来？汪衍君苦苦地思索着。

军人出身的汪衍君清楚，干什么事都需要一种精神支撑，"人有三宝精气神"，要将大陈村由乱到治，首先必须从凝聚民心、振奋大陈村人的精神开始。

汪衍君自幼受文艺熏陶，在部队能歌善舞，是小有名气的"金嗓子"。

如何让歌曲成为打开村民思想锈锁的金钥匙，让歌声成为激励大陈村民奋发向上的冲锋号？

唱歌就要唱出大陈村特色。

大陈村是一个处处散发书香的历史文化古村，绝大多数村民都是汪姓，汪氏祖先自古就有尊儒重教、兴校办学的家风。村民中一直流传着汪氏祖先尊老崇礼，以善待人的故事，如果把这些写成歌词，让它成为大陈村的村歌，一定可以感化教育村民。

他立即找到一名文化底蕴深厚的市领导，在市领导的帮助下，《大陈，一个充满书香的地方》《妈妈的那碗大陈面》两首村歌很快诞生了。

汪衍君如获至宝，他自己会唱后，每天一有时间就通过村里的大喇叭唱给村民听。渐渐地，许多村民听懂了村歌，爱上了村歌，每当汪衍君在大喇叭上唱时，村里便有人和唱。

他终于把村民召唤在一起，歌声拉近了彼此的距离，歌声驱走了笼罩在大陈村民心头的阴云。

歌声响起，笑容绽放在大陈村民的脸上。

2009 年 11 月，在首届全国村歌大赛征集评选活动上，在"两委"班子和广大村民的共同努力下，村党支部带着两首村歌第一次亮相京城。《大陈，一个充满书香的地方》荣获十佳作词奖,《妈妈的那碗大陈面》荣获十佳作曲奖,汪衍君荣获个人演唱奖。随后在"首届中国村歌之星总决赛"上,大陈村再度凭借村歌的魅力,荣获"全国村歌示范基地"称号,江山市也因此被授予"中国村歌发祥地"称号,自此,大陈村歌成了具有鲜明乡愁元素的文化金名片。

这些年来,大陈村一年举行村歌晚会六十多场,每个星期至少有一场,场场爆满,场场让人落泪。村民自然的表现,感染着来到大陈的每一个人,"村民就是我的亲人。"汪衍君感叹道。从2014年开始,每年他都会给村民拍一张"全村福",几年过去"全村福"的人数由当初的851人增加到1365人。汪衍君已连任五届村支书,每次都满票当选。

为了寻找大陈村的文化之根,汪衍君决定修缮汪氏宗祠,让千年的乡愁有处安放。

2005年前的大陈村是江山有名的贫困村,村集体负债60多万元。2007年开始汪衍君不断地到省文化厅争取修缮汪氏宗祠的资金。最终,汪氏宗祠成功列入"省级文保单位",获得了109万元的修缮款。后来他又去北京,在住建部争取了300多万元项目配套资金。

通过努力,破败的祠堂终于重新焕发了青春与活力,大陈村民在这里重新找到了乡愁的记忆、文化的营养、精神的慰藉、心灵的安详。更重要的是,融洽了一度疏远的党群关系。

接着大陈人又借用村歌文化,提炼村歌经济,闯出了一条乡村融合、文旅融合、农旅融合的发展新路。

在借鉴杭州宋城景区的《宋城千古情》实景剧的基础上,大陈村又紧锣密鼓地编排一出大戏:由大陈民俗风情与孝德故事相融的实景剧《你好!江山》。

这台红色旅游音乐剧围绕"不忘初心"的主题,分为四个篇章,分别是"抗日战争·危危江山""解放战争·威威江山""改革开放·多娇江山""乡村振兴·幸福江山"。

一个小时的音乐剧,聚集了演员180多名,其中大部分演员都是大陈村村民,正式演出后,场场观众爆满,一晚上吸引了3000多名游客,现场美食节热闹非凡,全村150多个客房一床难求。

通过村歌音乐节,带动了村里的产业发展。如今,大陈村年吸引游客30余万人次,村民的旅游商品销售和农家乐营业额达到500余万元。

大陈村歌唱广场

为吸引大陈村在外儿女回归，汪衍君和村两委商议，租下村里 29 处老房子，以"水电全免、房租减半"的优惠政策对外招商。很快，村民徐芝燕回村投资 30 万元，开起民宿，仅 3 个房间，网上预订价就达 1314 元，生意火爆；在外做淘宝生意的村民汪鑫，回村注册"浙里栖数字科技有限公司"，卖起"妈妈的味道"系列土特产；大陈村年轻媳妇李燕芳回村开手工礼品店，第一个月就赚了 5000 多元。大陈村还建成"研学旅行"主题小作坊体验馆，让游客和村民一起体验大陈面制作，品味乡村文化，把传统的辣椒酱、豆腐乳、菜籽油、雪菜粽、清明粿、小笋干等美食打造成"红橙黄绿青蓝紫"等七彩系列农产品，注册了"书香大陈"商标。

很多游客专门来村里的大陈面馆，就是为了亲口品尝下"妈妈的那碗大陈面"。2017 年以来，大陈面馆一年手工做面 2000 吨到 3000 吨。50 多位村民把做大陈面当成一门致富手艺，平均每人的月工资达到 3000 元以上。

紧接着，大陈村又与 40 个江山异地商会结对，借助他们的力量，把"大陈七彩"系列农产品输送到大江南北。同时，以"公司＋农户""线上＋线下"的方式，把全村所有农家乐、民宿、私房菜等资源集合到客服公司名下，以"农户晒单＋游客点单"的订单式服务对游客所需进行统一分配，让村民在乡村休闲旅游发展中获得更多收益。

三、中国农民画第一村——余东村

余东村里农民画，鸡鸭猪羊树花瓜。
老人壮年和娃娃，四十余载勤作画。
桔乡村子不算大，能画已过三百家。
村头村尾画墙画，农村生活美如画。

这首农民诗里描写的余东村，就是衢州市柯城区沟溪乡余东村。余东村是国家级美丽宜居村庄，被誉为"中国农民画第一村"。

中国农民画第一村

"中国农民画第一村"的第一个特点是农民画家多。全村 800 多人，已有 300 多人成为农民画家。在这 300 多名农民画家中，有 80 多岁的老爷爷，也有 10 多岁的小姑娘；有外地来的大学生，也有土生土长的本地人。他们农忙务农，一有时间就吟诗作画，自得其乐。

"中国农民画第一村"的第二个特点是画作水平高。30 多年来，余东农民画已有 190 多幅作品入选全国民间绘画展，130 多件作品获省级以上奖励，其中有 110 多幅作品先后在《人民日报》《光明日报》《中国文化报》《中国美术报》《艺术世界》《浙江日报》等 30 多家报刊上发表。并先后在台湾、深圳、北京、杭州、义乌、陕西等地举办过余东农民画展。2019 年 12 月 30 日至 2020 年 2 月 2 日，余东农民画被请进北京恭王府博物馆，连续展出 30 多天。中宣部、文化和旅游部、中国人民大学、恭王府博物馆、中国美术家协会等单位领导和众多在京画家、艺术家先后参观了这次画展，并给予了很高的评价。

"中国农民画第一村"的第三个特点是创作与时代同步，思想与党同心。30 多年来，余东村农民画作始终紧贴时代旋律，讴歌社会主义新农村的巨大变化，展现新时代农民的精神风貌，宣传中国共产党改革、开放、和谐、创新的好政策。农民画家在创作中，越画心里越甜美，越画心同党贴得越紧。

"中国农民画第一村"的第四个特点是发展规范。衢州市各级政府和职能部门，对农民作画、展画、卖画给予了很大的关注和支持。定期请专业画家对农民画家进行画技培训，并帮助他们完善了农民画技术等级培训、评定机制。农民画画师技术等级分为初级、中级和高级。评定分现场考核测试、作品业绩考核和专家综合评定等环节。重画艺，重作品参赛、获奖等实绩。

"中国农民画第一村"的第五个特点是配套服务功能完善。在当地政府的支持下，成立了余东农民画创作协会，投入近百万元新建了农民文化活动中心

中国农民画第一村余东村

大楼，修建了文化广场、图书阅览室、农民书画展厅、民间工艺品展厅、农民文化培训中心、书画创作室，并新建了中国（余东）乡村美术馆。

"中国农民画第一村"的第六个特点是培育形成了特色文化产业。他们以农民画为依托，开发生产农民画遮阳伞、农民画卡通标、农民画 T 恤、农民画手提袋，并创建了余东诗画特色民宿、余东研学教育基地等。现在，仅靠农民画作出售，全村每年可收入 800 多万元，随着这些配套产业的兴起，余东村民收益、余东村集体经济的收益都跨上了一个新台阶。

"中国农民画第一村"的村民们正在手握画笔奔小康。

四、中国·常山赏石小镇——青石镇

"一城山色满城石，精美的石头会唱歌"，说的是中国特色赏石小镇——青石镇。

青石镇位于浙江省衢州市常山县，镇域面积 78.7 平方公里，下辖 18 个行政村，1 个渔业大队，总人口 3.5 万。青石镇是中国观赏石之乡，浙江省首批特色小镇。

常山石主产于常山县城南门溪（古称思溪）。该石形成于寒武纪时期，经千万年风雨侵蚀和水流冲击，吸收泥质中青黑色成分，融结成板状结构，多彩花纹，石质温润。

北宋时期的宋徽宗独爱常

珠峰灵石

山石。北宋末期的庄绰在他所著的《灵璧石，太湖石，巧石》一文中写道："上皇（宋徽宗）始爱灵璧石，既而嫌其止一面，遂远取太湖。然湖石粗而太大，后又撅于衢州之常山县南私村。其石皆峰岩青润，可置几案，号为巧石。乃以大者，叠为岭，上设殿享。"

人世轮回，世事沧桑，常山石也在历史的变幻中几经沉浮，几经兴衰。

20世纪80年代，砚石村脑瓜灵活的年轻人，利用本地资源，悄悄地背着石头闯市场，结果闯出了多个"万元户"。

发现了石头的商机，1998年，当地政府牵头兴建青石镇花石市场，短短几年便发展成为华东地区最大的青石花石市场，成为"中国观赏石之乡"。

随着观赏石交易量的增加，吸引了许多石材加工户进入市场，就地取材，就地加工，就地销售。

这样一来，因石材加工带来的机器轰鸣声便形成了严重的噪音，加工石材时飞溅的飞沫弥漫在空中，使得整个市场粉尘遮日，一片昏暗，整个市场变得粉尘堆积，市场边的小河里因覆盖了厚厚的一层石沫，也失去了原先的清澈，整条河沟常年都灰蒙蒙的。

2016年，青石镇在衢州市和常山县党委、政府的支持下，全面启动青石镇花石市场的整顿和中国赏石特色小镇的建设，他们瞄准建设"中国第一，世界唯一"中国观赏石博物园的目标，以环境整治为切入点，全面推进石产业的转型升级，努力将块块石头都打造成无价之宝。

赏石小镇占地约3平方公里，核心区1平方公里，完成总投资40多亿元。是一个集石艺品展示、交易、生产制作为一体的赏石工业园区；又是一个以石产业为依托，集文化、旅游、金融、养生养老、社区服务为一身的现代化特色小镇。主要项目包括中国观赏石博物园、宇华景观园、石雕展示园、石艺交易园、中国奇石开发研究院、艺时空间、十里柚香街等。

园内现已入驻石材、石艺商家70多户，各类经营户400多家，从业人员6000多人，石品种涵盖灵璧石、太湖石、黄蜡石、树化玉、潦河石等100多个品种。石产业年产值已突破6亿元。可以毫不夸张地说，进了衢州青石赏石园区，可尽观天下奇石，尽赏天下石艺，尽取天下石材，尽交天下石艺客。

五、中国红木家具文化园——龙游红木小镇

龙游红木小镇滨江文化休闲区

龙游红木小镇位于浙江省衢州市龙游县湖镇镇曹垄村，紧傍钱塘江上游秀丽的衢江。总规划面积 3.5 平方公里，建筑面积 260 万平方米，计划总投资 71.9 亿元。按照"红木家具制造基地＋文化旅游＋OTO＋现代循环社区"的模式，打造集家具制造、旅游休闲、文化创意、商务服务、生态居住五位一体的特色小镇，形成生产、生态、生活相融共生，产、城、人、文有机结合的现代化高档社区。小镇先后被评为浙江省十大示范特色小镇，被中国家具协会授予"中国红木家具文化园"，被全国旅游景区质量等级评定委员会评定为国家 4A 级文化旅游景区。

红木小镇由年年红家具（国际）集团投资创建。以杭金衢高速为中线，分南北两大区域，南部为文化旅游区，沿衢江而建，由木都商务区、红木风情街、木都商贸城、滨江休闲区、文化创意园、红木科研基地等部分组成。主要承担红木家具的展示展销、红木及红木家具交易、红木家具的质量检测、高档红木家具的科技研发、红木文化历史及现代文化旅游、休闲、旅游服务、康养等功能。北部为产业制造区，主要由吉恒红木家具制造基地、年年红家具（国际）集团员工生活区、现代生活居住开发区等部分组成，主要承担红木家具的制造生产、员工生活等任务。所有建筑均精工设计、精工建造，以木、砖、石结构为主，将木雕、砖雕、石雕融入不同历史时期的建筑风格，充分体现了中华传统历史文化的博大精深和现代科学技术的高雅、时尚。

红木小镇在打造过程中，始终坚持以红木为基，充分发挥中华红木文化的传统优势，大量精选高档红木建造仿古建筑，打造独特的红木建筑产业文化园。以文化为魂，让红木文化融入国学文化，以太母殿、育恩堂、志诚楼、万姓宗祠、紫檀宫、合一大殿、缘佛山等多种文化体验性产品，体现仁爱、诚信、恩德、和睦、根祖文化等思想。以生态为底，依托"两江、两山、两滩"

等独特的自然优势，种植 200 多万株珍贵名木，以垂直绿化的新业态开发节能环保、零排放、无污染、涵养水源、涵养土地生态资源的生态居住社区，创建人与自然和谐共生、"天人合一"的现代化居住新模式。以产业为本，以红木高端产业集聚为引领，着力发展分享经济、众创经济等个性化产品，实现从单一家具制造向木材交易、木建筑输出、研发设计、文化创意等全产业链的延伸，适应现代人享受现代化生活的多元化需求。

小镇注重党建工作引领，建立 1 个党委，1 个党群联盟，1 个浙江省规模最大的党群共同体，10 个"系列红"党支部，4 个群团组织，形成了"1＋1＋1＋10＋4"的党群同心圆，通过党建引领、群团共建，促进了政企、校企、企企合作。实现了各项建设的规范化加快发展。

至 2020 年底，红木小镇已完成投资 35 亿元，完成建筑 100 多万平方米，员工队伍发展到 3000 多人，小镇常住人口发展到 25000 多人，小镇生产的红木家具已占全国红木家具市场销售总额的 10%，出口 8 个国家和地区，发展全国经销商 760 多家，高端客户 50 多万户，年营业收入 3 亿元以上。

六、中国民间文化艺术（山歌）之乡——廿八都镇

廿八都镇地处浙闽赣三省边界，距浙江省江山市区 70 公里。全镇现有 800 多户，4000 多人。廿八都镇是浙江省历史文化保护区、中国历史文化名镇、中国民间文化艺术（山歌）之乡、国家 4A 级风景区。

廿八都古称"道成"，宋朝时在乡以下设都，当时江山设四十四个都，道成地属二十八都，此后便一直沿袭廿八都至今。

廿八都原为黄巢起义军开辟仙霞古道，打通三省交通时的屯兵之地。后来，因无论从浙入闽，还是从闽入浙，这里都是必经之地。来往于闽浙间的经商者多到此地休息，便促成了商旅服务业的兴旺发达。到了清代，因这里四面关隘守护，很少受战乱影响，商业服务便日渐红火起来，鼎盛时期每天曾有千根以上扁担在此运货。外来客商、流落的兵卒、退役的官兵纷纷在此定居，便形成了百家姓氏、九种方言、千年历史的多民族移居古镇。

廿八都古镇上尚保存着两段约 1 公里长的古商业街道，极具代表性的 36 幢古民居、孔庙、大王庙、文昌阁、万寿宫、真武庙、忠义祠、观音阁、老衙门、新兴社等古建筑 11 处。形成了山区罕见的近两公里长的明清古街。这些

廿八都古镇

古建筑的风格融南方情调和北方风格为一体，集浙式、徽式、赣式、闽式、滇式和欧式为一身。古建筑、古雕刻、古门楼、古壁画随处可见，是一处原汁原味的"民间古建筑博物馆"。

廿八都古镇的独特风格是高高的墙、窄窄的路、狭狭的天，最富特色的是伸展在家家户户门口的门楣，门楣多为楼阁式，由梁、枋、檐、椽、望板和垂莲虚柱构成四柱三檐，上覆黛瓦，檐角起翘，各个部件均有精细木雕装饰，且个个玲珑精致、栩栩如生。

廿八都有大小两处文昌阁，分别在古镇的南、北两头，两座建筑的宏伟和精致在古镇堪称一绝。过去，一般在县治所在地才建文昌阁，一个古镇同时建有两处文昌阁，足见镇区商人"学而优则仕"的情结之深。

廿八都由多地、多民族聚居，唱歌便成了相互间交流和休闲娱乐的最好方式。廿八都的山歌融合了南北文化的特点，可以一人独唱，也可以多人对唱，许多歌曲没有固定的歌词，多为即兴发挥、即兴创作。内容多以表现生活劳动、爱情婚姻为主。流传至今的有《四季歌》《十八对》《我给哥哥唱首歌》等。

第六节 传统节会

一、南孔圣地的祭孔大典

"衢州有礼"是衢州独特的城市精神和价值主张，并逐渐内化为每一个衢州人的文化价值。"礼"是儒家思想的核心内容，也是中华文化的重要特色。礼者，人道之极也。在南孔文化、千年儒风的沐浴下，衢州民风淳朴、社会和谐。"衢州有礼"弥漫在空气中、浸透在灵魂里、体现在细微处。

祭孔大典

南孔祭典是南方孔氏南宗族人祭祀孔子的仪式，其中又以南宗宗子居住地衢州的孔氏南宗家庙的祭孔仪式为代表。自2004年以来，衢州孔氏南宗家庙每年都会在9月28日这天举行隆重的祭孔大典。2011年5月，以"当代人祭孔"和"百姓祭孔"为特色的南孔祭典，被正式列入中国第三批国家级非物质文化遗产名录。

孔子第75世嫡长孙孔祥楷曾说过，"每个朝代、每个时期的祭祀活动，都带有鲜明的时代特色和特定的时代内容。对待传统文化，既要传承弘扬，又要推陈出新，体现与时俱进，应以'当代人祭孔'为宜"。

衢州人传承的不仅是尊儒之道，更是传承了礼乐文化中的精髓，并且与现代文明进行了结合与创新。衢州还以此为载体，有效推动了中华优秀传统文化在国际上的传播。自2004年以来，已先后有来自60多个国家的150余家孔子学院的300多位负责人来衢州拜祭孔子，交流文化。

二、中国·江山毛氏文化旅游节

自2009年以来，中国·江山毛氏旅游节在浙江省首个世界自然遗产地江山举办。毛泽东嫡孙、中国人民解放军军事科学院战争理论和战略研究部副部长毛新宇，毛泽东扮演者特型演员唐国强，衢州市有关领导，江山市领导以及来自世界各地的毛氏宗亲、江山同乡会代表等均准时参加。

毛氏文化旅游节主题为"弘扬毛氏文化、展示世遗江郎"，由中国绿化基

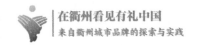

金会、中华毛氏联谊研究会、中共浙江省江山市委员会、浙江省江山市人民政府主办，人民日报社网络中心、绿色中国杂志社、中共江山市委宣传部、江山市文广局、江山市旅游局承办，旨在展示江山市"清漾毛氏文化，江郎山世遗文化、江山名人文化、古道古镇文化"四大文化亮点，将江山的文化、旅游、社会、经济等整合到毛氏文化品牌上来。

在江山的60多万人口中，有6万多人姓毛。据权威专家考证，江山市清漾村不仅是江南毛氏的发祥地，也是一代伟人毛泽东的祖居地。

清漾村位于江山城南二十五公里处，村落古老纯朴，文川溪横贯古村，千年古樟魁梧盘桓。静谧祥和的清漾祖宅、古朴深邃的毛子水故居、群星璀璨的清漾毛氏名人馆，犹如古稀老者，向人们讲述那千年毛氏文化的无穷魅力。

毛氏是中华民族炎黄子孙中显赫千古的一大世家，自古人才辈出，而江山毛氏更是一枝独秀。宋代，江山共出了180名进士，其中毛氏占60名，有着"六子七进士、三代九登科、两朝三尚书"的绝世佳话。自江南毛氏第八代先祖毛元琼定居此地以来，至今已有1500多年历史。

千百年来，毛氏在江山生生不息，孕育繁衍了江西吉水毛氏、湖南韶山毛氏等支系，蕴蓄着清漾毛氏家族"历史悠久、人才辈出、耕读传家、贵而不富"的历史文化底蕴。在《韶山毛氏族谱》里记载着这样一句话，"自宋工部尚书让公世居三衢"，文中的"三衢"就是如今江山所在地衢州一带，而"让公"就是《清漾毛氏族谱》里记载的毛让。毛让作为江山清漾毛氏毛元琼的第六世孙，是江西吉水毛氏的始祖，也是湖南韶山的毛氏先祖。至此，江南毛氏和湖南毛氏的万里寻根路得以呈现。

近年来，随着清漾毛氏文化研究的深入，毛氏文化已成为江山城市的一张新名片，带动了城市知名度的不断提高，将江山的文化、旅游、社会、经济等整合到毛氏文化品牌上来，使得毛氏文化旅游节成为集旅游、文化、经贸活动为一体的品牌活动。

作为中国优秀旅游城市的江山，拥有国家重点风景名胜区、中国历史文化名镇、国家5A级旅游区、国家森林公园各1处，既有江郎山、仙霞岭、浮盖山等众多的奇山秀水，更有廿八都古镇和睦彩陶文化村、三卿口古瓷村等大量历史古迹，自然风光和人文胜迹蕴藏丰富，积淀深厚。

在2010年10月19日举办的毛氏文化旅游节上，举办了清漾毛氏祖祠落成典礼暨江南毛氏拜祖大典，毛泽东嫡孙毛新宇为毛氏宗亲敬分香饼；绿色中国行——走进江山大型公益文艺晚会，毛泽东、周恩来、朱德特型演员江山聚首；"绿色中国毛氏文化林"启动，毛泽东扮演者特型演员唐国强宣读《绿色江山宣言》；毛新宇与江山市领导及主创方一起启动电视纪录片《清漾毛氏史话》的首映按钮；江山旅游景点及中国幸福乡村、江郎山、廿八都古镇等江山名胜展现在世界面前。

三、中国·开化根雕艺术文化节

自 2010 年以来，中国·开化根雕艺术文化节已在浙江省开化根宫佛国文化旅游区连续举办了九届。开化根雕艺术节已成为中国乃至世界根雕界最具影响力的艺术盛会之一，成为开化最具代表性的文化品牌之一，成为开化最具标志性的城市名片之一。

第九届中国·开化根雕艺术文化节暨"钱塘诗路·开化寻源"活动盛大启动

根雕艺术文化节围绕"诗话钱江源·寻根好地方"主题，充分挖掘"一根一源"的资源优势，以创建"钱江源国家公园""浙江省诗词之乡""全域旅游示范县""5A 县城"等为抓手，积极融入钱塘江诗路文化带建设，全力打造美丽大花园核心园。

四、九华立春祭

九华立春祭是衢州市柯城区九华乡外陈村比较完好地保留下来的传统农时节令习俗，农历立春日为祭祀日，九华梧桐祖殿是立春祭主要活动场所。

梧桐祖殿是浙江省乃至国内一座保存完整的、供奉有木神（春神）句芒的祖殿，神像用一根巨大梧桐树根雕成佛像供奉，山民称之为"梧桐老佛"。

每年立春时节，梧桐祖殿都要举行隆重而古老的"立春祭"仪式。九华立春祭保存了完整的立春仪式，主要祭祀活动有祭拜春神句芒、迎春接福赐求五

九华立春祭

谷丰登、供祭品、扮芒神、焚香迎奉、扎春牛、演戏酬神、踏青、鞭春牛、喝彩、春播等，以节气作为节日，体现了先人"天人合一"的思想。

鞭春牛是九华立春活动的重要环节，也是活动高潮，由人扮句芒神鞭打春牛，地方官行香之礼，以表示劝农勤劳和春耕的开始，具有浓郁的衢州地方特色，表达了人们对风调雨顺、五谷丰登、财物丰盛等愿望，以此为开端，带动二十四节气民俗活动，有其独特意义。

作为华夏农耕文明的重要组成部分，九华立春祭已在三衢大地流传了千年——祭春神、敬土地、鞭春牛、迎春、探春、咬春……青年男女头戴鲜花参加仪式，并有演戏和各种娱乐活动，祈盼新的一年风调雨顺、吉祥如意。

第七章

品牌评议

一、衢州对城市品牌的定位准确

——中国城市报社有限公司副总经理　常亮

常亮

与以往城市主动申报"某某城市称号"不同，城市品牌评价是主动评价，城市不申报，项目组也能通过官方数据进行测评打分。作为中国城市品牌评价项目组秘书长、《品牌评价　城市》国家标准的起草人，我认为，城市品牌评价更侧重于定量性评价。城市每年的名次不同，反映城市的发展变化，便于城市找位置、提干劲、持续发力。城市品牌评价是综合评价，也有利于城市管理者制定最佳组合的公共政策。

正因为测评工作，我曾经多次到衢州考察。衢州的孔氏南宗家庙给我留下了深刻的印象。孔子认为德礼可以潜移默化地改变人，人与人之间的关系靠德来维持。所谓"华夏民族"，服装之美为华，礼仪之大为夏。一个有礼的人，就是个文明的人；一个有礼的社会，就是和谐社会。在此基础上，提出"南孔圣地·衢州有礼"，可见衢州对于自身城市品牌的定位非常准确。

当前，世界进入城市时代，城市进入品牌时代，而品牌就是质量的体现。城市品牌是城市经济形象、政府形象、文化形象、社会形象、生态形象的客观展示，是城市竞争力的制高点。"南孔圣地·衢州有礼"，对内有利于凝聚发展共识、提振发展信心；对外则彰显城市魅力，增强城市核心竞争力。

二、衢州城市品牌建设的示范意义

——中国社会科学院城市与竞争力研究中心副主任、研究员　刘彦平

城市品牌是我的研究方向之一，我非常关注衢州在城市品牌创新、营销方面的努力，一直想来看看。

衢州"南孔圣地·衢州有礼"的城市品牌，是非常典型的以城市文化为主导的城市品牌，有别于一些城市的产业主导、空间功能定位主导，这个切入点非常好。文化是城市的灵魂和基因密码，是特色所在。城市品牌的建设能透过表面、深入实质，直抵城市的根系，从而为城市的整体发展提供滋养。城市品牌建设是文化自信的体现，衢州将南孔文化加以创新、弘扬，与时代更好地结合，这种文化自信已经上升到民族文化自信的高度。

刘彦平

衢州城市品牌的资源禀赋非常深厚，中外城市里，能称为"圣地"的并不多，未来，它的重要性将会日益显现。衢州的城市文化建设和城市品牌打造，与浙江区域品牌，甚至国家品牌的打造都有着密不可分的关系。

在儒家文化中，礼是非常核心的范式，和天道、人间的秩序相关。衢州通过打造"最有礼的城市"，使之成为城市文化的特点、城市文明发展的亮点，可以为中国城市文化发展提供一个样本，具有示范意义。

我注意到，衢州现在形成主副品牌的架构，城市主品牌与县区的副品牌有良好的衔接功能。衢州城市品牌还有维度延伸，将其扩展到人才引进、优化营商环境等方面。从通过观察衢州城市品牌的设计、战略维度延伸的态势，以及推广的手法，我深深感到其中的专业化，相信未来衢州的城市品牌会发扬光大。

我建议，衢州可以拓展、提升城市品牌的结构，使之带动旅游发展、提升营商环境、打造宜居品牌；找准城市品牌建设的发力点，借城市品牌成长的机会，夯实城市治理体系、提高治理能力。

我希望，衢州未来能活化城市文化，讲好衢州城市故事，奠定城市品牌的实质支撑，优化城市品牌治理，主动参与国际治理，使"南孔圣地·衢州有礼"这个城市品牌为衢州的发展发挥更大的作用。

三、"南孔圣地·衢州有礼"是衢州文化力的精确彰显
——上海开放大学教授、中国孔子基金会学术委员会委员　鲍鹏山

鲍鹏山

众所周知，城市品牌是一座城市的专属名片，承载了城市精神和价值理念，展现的是城市薪火相传、生生不息的历史文化基因和独有的个性资源。"南孔圣地·衢州有礼"八个字，可以说高度浓缩了衢州这座城市独特的文化元素和气质，是衢州文化力的精确彰显。

一方面，衢州是南孔文化的发源地，南宋建炎三年（1129年），孔子第48世嫡孙、衍圣公孔端友奉诏南迁，率族人随宋高宗南下，史称"大宗南渡"。800多年来，衢州成了江南儒学重镇，成为儒学文化弘扬和传播的中心，南孔文化也成了衢州最具识别度的标志。另一方面，"礼"是儒家思想的核心内容，也是中华文化的重要特色。"南孔圣地·衢州有礼"中的"礼"，具备多层意义：于个人来说，"礼"是文明的生活方式；于政治而言，"礼"是文明的治理方式；于城市而言，"礼"是社会文明运作的方式。

"南孔圣地·衢州有礼"的城市品牌已在衢州生根发芽，今后还要走得更远，喊得更响亮。"南孔"可以参看"北孔"，"衢州有礼"和"好客山东"南北呼应，是对中国儒学文化最好的传承和发扬，在国际上则更能凸显中华礼仪之邦的大国风范。两者呼应，也可形成更广的传播效应。

四、衢州城市品牌建设已达到新高度
——中国城市发展研究会副理事长　贺可嘉

提到衢州，我听到比较多的一句评价是：一座有深厚文化底蕴的山水园林城市。

近年来，依托自身的生态优势和文化优势，衢州在城市规划编制和实施中突出山水、生态、文化个性，打造了一座儒家文化与古越文化融汇的国家历史文化名城和生态园林型的山水园林城市。

自 2018 年"南孔圣地·衢州有礼"城市品牌发布以来，衢州的品牌建设达到了一个全新的高度。2019 年地级市城市品牌排名公布时，衢州上升的名次非常多。我们分析后认为，衢州在近阶段的城市绿色可持续发展水准有了显著提高。全国首批"两山"实践创新基地、国际花园城市、中国基层治理最优城市……衢州正通过一张张城市名片，锻造自己的城市品牌。

贺可嘉

城市品牌有利于营造开放包容的发展环境，有利于展示信用与服务发展水平，有助于优化国内外资源配置，构筑凝智聚才的高地。

如今，在深耕传统文化的基础上，衢州应该有更立体、更具前瞻性的城市品牌建设动作。在推进智慧城市建设的大背景下，如能将传统文化跟现代科技相结合，衢州必将取得更大的飞跃。

五、衢州会在城市品牌建设的道路上越走越好

——中国传媒大学广告学院旅游传播研究中心主任　张婷婷

每年，中国传媒大学广告学院旅游传播研究中心都会在博鳌国际旅游传播论坛上发布文化旅游营销传播的发展趋势。以衢州为例，衢州的 LOGO（徽标）是把衢州地图衍化为拱手礼的手势，代表博大精深的"礼"文化，把南孔文化的精神变化为老爷爷的形象，卷轴做发髻，代表儒学思想博大精深，充分展现了"衢州有礼"的文化内涵。

张婷婷

衢州的获奖并不突然。近两年，衢州一直在积极打造"南孔圣地·衢州有礼"城市品牌，通过构建识别系统，广泛宣传推介，深耕"有礼"内涵，推动融合发展等一系列组合拳，让城市品牌形象化，让城市品牌大众化，让城市品牌人文化，让城市品牌产业化，让"南孔圣地·衢州有礼"城市品牌传遍大江南北。

今天，我们看到衢州不仅有好的 IP（知识产权），好的 LOGO，还有日渐

成熟的城市形象传播体系。我们相信，衢州会在城市品牌建设的道路上越走越好。

六、弘扬南孔文化赋能四省边际中心城市建设

——衢州市政协主席、党组书记　周伟江

周伟江

2020 年，刚好是习近平总书记提出"让南孔文化重重落地"嘱托 15 周年。

15 年来，衢州市始终牢记总书记重要嘱托，积极推动南孔文化创造性转化、创新性发展，为衢州城市精神赋予新内涵：一是聚焦"挖掘"，着力激发南孔文化活力；二是聚焦"保护"，着力推动南孔古城复兴；三是聚焦"弘扬"，着力开展儒学文化传播；四是聚焦"有礼"，着力打造南孔圣地的文化特质；五是聚焦"转化"，着力推动国家级衢州儒学文化产业园区建设。

衢州是南孔文化的发源地、江南儒学文化圣地，也是四省集散中心，人流、物流、资金流、信息流都在这里汇聚。最近召开的衢州市委七届八次全会提出：分两步走构建形成南孔古城·历史街区、核心圈层·城市阳台、高铁新城·未来社区"小三城"和智慧新城、智造新城、空港新城"大三城"的空间形态，到 21 世纪中叶全面建成集聚力、辐射力、带动力、竞争力最强的四省边际中心城市。

要实现这个目标，就要更加扎实地推进优秀文化的创造性转化、创新性发展，推动南孔文化的文旅融合；深化南孔文化研究和保护，让南孔文化重重落在规划带动上；推进南孔古城建设，让南孔文化重重落在项目驱动上；打造文化旅游"桥头堡"，让南孔文化重重落在发展推动上。

"让南孔文化重重落地"这个重要指示精神在衢州落地生根、开花结果，对于衢州市委、市政府是一个永恒的命题、一项长期的任务。我们要以"功成不必在我"的精神境界和"成功路上一定有我"的历史担当，承前启后、继往开来，保持定力、不懈努力，一张蓝图绘到底，一任接着一任干，奋力跑好手中的这一棒，不负这个伟大的新时代。

七、南孔文化是衢州文化的根和魂

——中共衢州市委常委、宣传部部长　钱伟刚

诸位领导和专家围绕南孔文化的当代价值、南孔文化与城市品牌、南孔文化与城市精神，以及儒学文化的国际交流合作等议题，展开了热烈的讨论，发表了各自的真知灼见，对南孔文化的创造性转化、创新性发展，具有很强的指导意义，也给我们带来了诸多方面的启迪和借鉴。

文化的内涵有多深厚、根基有多牢靠，决定其转化与发展动能的力量有多磅礴、助推有多持久。南孔文化是衢州文化的根和魂，是文旅产业的源和本，如何进一步弘扬和发展南孔

钱伟刚

文化，是摆在衢州人面前的一项长期的课题和重要任务。2020 年是习近平总书记对衢州提出"让南孔文化重重落地"重要嘱托 15 周年，我们要以此为契机，继续在南孔文化创造性转化、创新性发展上做文章，全面推动南孔文化为城市发展赋能增效。各位专家为我们点了题、解了惑，我们要在此基础上，深入践行习近平总书记"让南孔文化重重落地"的重要嘱托，把南孔文化发展与经济社会发展紧密结合起来，以担当作为来承载使命、以科学态度来谋篇布局、以创新思维来破解难题、以务实精神来狠抓落实，为深入推进南孔文化创造性转化、创新性发展不懈努力，为南孔圣地的美好明天努力奋斗！

八、"衢州有礼"让我们如沐春风

——浙江纳晶科技有限公司副总经理　刘维

"衢州是一座文明的历史古城，也是一座彬彬有礼、温暖高效、具有创新活力的城市。"这是纳晶科技对衢州最深刻的印象。

纳晶科技股份有限公司成立于 2009 年，是一家以量子点半导体新材料为技术核心的国家级高新技术企业，创始人为全球著名化学家、纳米材料科学家

彭笑刚教授。2016年，公司出于经营需要，启动量子点材料工厂的建设项目，对多地进行考察后，最终选择落户衢州，投资成立浙江纳晶科技有限公司，建设年产150吨量子点胶水生产项目（一期年产50吨）。在衢州政府的大力支持下，项目顺利落地，于2019年1月正式投产试车，稳定运行。

落地衢州是公司深入考察后做出的决定，主要原因有三个方面。1. 对接过程中的专业服务到位，衢州的招商人员及服务企业的"店小二"，能够帮助企业提前规划好各项审批流程，所需准备工作，加速企业项目落地进度；2. 产业规划布局长远，衢州的政府领导对产业有着清晰且深入的认识，对城市产业链的布局有着长远的规划；3. 优质高效的服务质量，衢州作为全国"最多跑一次"改革试点城市，政府服务意识强、服务质量高。

在企业整体运营中，当地政府部门"无事不打扰，有事上门服务"的工作作风，以及"彬彬有礼"的服务态度，让企业倍感安心和放心，而这与衢州提倡的"南孔圣地·衢州有礼"的城市文化相得益彰。礼让行人、作揖行礼、使用公筷、自觉排队……文明有礼已融入衢州城市管理的方方面面、点点滴滴，"衢州有礼"已经成为衢州鲜明的城市底色，彰显出这座城市的精神与气度。

基于良好的投资环境，也基于城市对企业的礼遇，公司于2020年在衢州智造新城继续投资建设年产800万平方米的光电转换膜项目（一期400万平方米）。选择落户衢州的浙江纳晶，不仅是"衢州有礼"的受益者，也是"有礼衢州"的建设者、展示者，浙江纳晶将充分发挥自身优势，赋能产业高质量发展，一同为衢州的发展添能助力，为这座城市更美好而努力奋斗。

九、衢州是优质的投资热土
——浙江晶泰玻璃科技有限公司总经理　王建晓

我是温州永嘉人，2007年响应衢州市委、市政府的号召，来衢州投资建厂，注册成立了浙江晶泰玻璃科技有限公司。

"南孔圣地·衢州有礼"城市品牌，让衢州找到了新时代的新坐标，彰显出这座城市的独特气质。

作为浙江省"最多跑一次"改革的先行试点市，衢州通过"砍掉一批、共享一批、替代一批"等方式，最大限度精简和优化各类证明材料，实现企业凭统一社会信用代码或投资项目代码就可以办理涉及民生事项或企业投资项目相关事项，不需要再提供由政府机关产生的其他相关证明材料，切实解决了企业办事的"奇葩"证明、循环证明、重复证明等问题，向社会提供便捷高效、公平公正的公共服务。

为方便与企业间的沟通畅联，衢州智造新城管委会建立了便捷高效的工作交流群，通过"钉钉"等软件和相关部门及时互通信息、交换审查意见，减少召开相关会议次数，节约工作时间。企业有什么问题，只要"钉"一下，都会及时办理。

衢州作为有礼城市，区位、生态和环境优势明显，产业、平台配套齐全，政策、服务和效率优先，是优质的投资热土。

十、我用发展为衢州代言
——衢州东方集团董事长　潘廉耻

衢州高质量发展离不开改革创新、蓬勃向上的精神，这种蓬勃向上的朝气是"南孔圣地·衢州有礼"城市品牌所包含的一种内在的气质和灵魂。浙江衢州东方集团从 1994 年开业到现在已经有 26 年了，坚守改革创新的理念成就了东方，壮大了东方。

其实东方开始的时候，是很小一个企业，初开业时，基本工资都发不出来。我们从改革入手，激发了大家的积极性，也打破了过去吃大锅饭的现象。

有一段时间，商品以假充好的现象泛滥，我们则逆势而为，诚信经营，下定决心杜绝东方有假货，我们把所有商品都数字进货，数字化管理，用科学的方法使假伪劣次产品无可乘之机。

2012 年随着电商的发展和劳动力成本的上升，整个实体经济压力增加，但是我们认为，这正好是一个发展的商机。因为我们当时面对的多是政府的消费，实际上大量的民间消费没有挖掘起来，东方就抓住这个机会，以民间消费、社会消费为主体，大力发展了自己的综合体。通过中央厨房、统一采购、统一加工、统一配送、统一管理、统一标准，把整个企业的运营成本下降，毛利增长了 10 个百分点。通过统一加工，把用工成本下降 5—6 个百分点，这两项加起来，就等于增加了一个亿的销售，一千多万的利润收入。

东方通过这几年的发展，员工队伍从原来的 120 多人，发展到现在 5000 多人。销售收入从最初的 909 万元增长到现在的 15 亿元，净资产从 78.9 万元

增长到去年年底的6亿多元,增长了将近2000倍。企业的规模,从过去的一个单体酒店124个房间,增长到9家酒店980多个房间。中央厨房配送中心、加工中心、洗洁中心形成了一个完整的生态链。

最近衢州市委、市政府决定把衢州市打造成四省边际中心城市,东方又迎来一个发展机遇,东方要发挥自己的品牌优势、供应链优势、服务链优势、把东方打造成为四省边际的商业龙头企业。

十一、用科技赋能"最有礼城市"
——浙江九为电子科技有限公司总经理　王杨勇

以前出差,在高铁、飞机上经常可见"南孔圣地·衢州有礼"的城市品牌宣传语,让我不由自主地注意到衢州这个城市。

2020年7月,我来到衢州,受聘于衢州东南数字经济发展研究院,从事传感器智能制造方向的研发工作。几个月下来,我深深感受到衢州是一个美丽且有礼的城市,这里处处春意盎然,山清水秀;这里的每一张面孔都彬彬有礼,每一个动作都充满着理解与支持。

"使用公筷公勺""车让人"等"八个一"有礼新风尚,让人来了想留下,让我们这些外地人有"他乡亦故乡"的感觉。优良的营商环境,鼓励大众创业、万众创新的多种举措,激发了我们创业的热情。两个月后,我和团队成员在衢州创立了浙江九为电子科技有限公司,从事智能传感器、应变计等相关传感器的研发与生产。

随着时间推移,我越来越感到"南孔圣地·衢州有礼"这一城市品牌实现了"古"与"今"的融合。这几年,衢州围绕产业需求引进了浙大衢州"两院"、电子科技大学长三角研究院、温医大和科研院校办学、办产业、办平台,并与西安交通大学等国内知名高校合作,用科技赋能文化,激发了这个最有礼城市的活力。

十二、做"有礼"传人,传"有礼"文化
——孔子第76世嫡长孙　孔令立

"礼"是至圣先人孔子倡导的重要思想,是中华优秀传统文化的瑰宝。

近年来，衢州市委、市政府认真践行习总书记"让南孔文化重重落地"的嘱托，着力打造"南孔圣地·衢州有礼"城市品牌，以此助推衢州的政治、文化建设和社会经济的加快发展，取得了重大成效。

从圣祖孔子"不患寡而患不均"的仁爱思想，到现阶段我们国家"脱贫致富的路上一个也不能落下"的精准扶贫方略；从儒家

孔令立

提倡的"仁义礼智信"，到抗击新冠肺炎疫情广大医务工作者冒死逆行，以及全国人民共同表现出的包容理解和积极配合；从党中央提出大力传承优秀传统文化的战略思想，到"衢州有礼"的积极倡导和认真践行。我们看到了中国共产党人全心全意为人民服务的宗旨；看到了在儒家思想影响下，中华民族表现出来的识大体、顾大局的优良品德，看到了衢州市委、市政府放眼高远、砥砺前行的坚强决心。如果我们每一个中国人都据此立心、代代传承，实现中华民族的伟大复兴就指日可待。

衢州城区夜景

　　我是圣祖孔子的传人，是衢州发展的受益者，"守礼"是我的本分，"传礼"是我的责任。衢州市委、市政府如此重视、支持优秀传统文化的传承，营造了浓厚的学礼、守礼、传礼氛围，搭建了如此宽广的平台，我一定上不负先祖，下不负子孙，中不负衢州市委、市政府的关心、关爱和支持，努力将中华民族的礼文化传播到全世界。努力让"衢州有礼"成为世界孔氏家人的欣慰，并努力尽我们的力量为"有礼"衢州的发展做出贡献。

第八章

品牌畅想

一、新时代，要继承孔子思想中"刚"的一面

——十三届全国政协文化文史和学习委员会副主任　王世明

王世明

朱熹曾赞美孔子说："天不生仲尼，万古如长夜。"在中国的历史文化长河中，孔子具有无与伦比的地位。

当我们说到孔子的时候，经常把孔子作为儒家思想的代表人物来阐述，但在我看来，这样的概括还不够准确，唯有"大成至圣先师"才能恰当地体现孔子超越历史的思想成就。

孔子给我们留下最伟大的思想财富是什么？我认为，他对传统文化的一个重大贡献就是告诉我们中华文化的历史源头在哪儿。孔子十分推崇《周易》，曾盛赞其"易与天地准，故能弥纶天地之道"。而《周易》云："古者包牺氏之王天下也，仰则观象于天，俯则观法于地；观鸟兽之文与地之宜；近取诸身，远取诸物，于是始作八卦，以通神明之德，以类万物之情。"对自然持有的是唯物主义的立场。这正是中华民族"实事求是"的心理品格的来源。

《周易》中还云："刚柔者，立本者也。"它向我们启示：必须兼具"刚柔"两种品格。现在提起儒家文化，很多人常会脱口而出"三纲五常"或是"仁义礼智信"。而事实上，这些从来不是孔子的表述，而是起源于东汉的"白虎观会议"，是后人对孔子思想的理解和发挥。"仁义礼智信"作为国家和民族的品格，固然高尚，可是在当今早已发生巨大变化、一些发达资本主义国家频频对我发难的国际形势下，如果只是片面强调这些，就显得过于柔和了。

在当今社会，我们需要继承孔子思想中"刚"的一面，除了"仁义礼智信"，我们还要做到"刚强勇毅新"。"刚"就是"以直报怨"的刚强态度，"强"就是昂扬向上的精神状态，"勇"就是面对困难时的万丈雄心、胆识气魄，"毅"就是中国人不达目的决不罢休的坚韧品格，"新"就是"苟日新，日日新"不断创新的进取精神。

要传承孔子思想中"刚"的一面，衢州已经确定了"南孔圣地·衢州有礼"

的城市品牌，就要咬定青山不放松，继续深化，细化具体方略，下大决心将衢州打造成传播中华优秀传统文化的"南孔圣地"，并在传承中，真正将衢州打造成"学礼、守礼、有礼、传礼的世界最有礼的城市"。

二、让南孔文化走向全国、走向世界
　　——亚洲文化交流协会副会长、人民日报海外版原副总编　王瑾

王　瑾

　　南孔文化是中国儒家文化的重要组成部分。南孔文化是指南宋初年孔氏南迁后，孔氏文化在不同历史条件和环境下与当地文化不断融合和发展的基础上形成的区域文化体系，这个文化体系主要生长在衢州，衢州也因此成为中国南方的儒学文化中心，被誉为"东南阙里、南孔圣地"。

　　南孔文化的发展，丰富了中国的儒家文化。有研究表明，正式使用"南宗""北宗"名分始于明代万历四十三年（1615年），孔子第63代孙孔贞运承袭五经博士之时。南孔文化传承了洙泗遗风，对南宋书院的发展产生了重大影响。

　　弘扬儒家文化需要让南孔文化重重落地。南北孔氏文化是一家，弘扬孔子文化，南孔文化不可或缺。我在衢州，感受到了儒风浩荡，衢州不愧为孔子文化重镇，值得我们认真欣赏。如今，这里形成了"南孔圣地·衢州有礼"的城市品牌。城市文化品牌"含金量"的提升，也提升了衢州营商环境。我欣喜地获悉，在全国首个营商环境试评价结果中，衢州仅次于北京、厦门、上海，名列第四，在所有参评地级市中排名第一，可喜可贺。

　　中华民族复兴，需要复兴儒家文化。孔子文化是中华民族博大精深文化的一部分，中华民族要走向复兴，要走好"让南孔文化重重落地"这步棋。近年来，我国和一些国家达成合作意向，开办孔子学院，也都是这步棋的重要举措。

　　在新的时代，弘扬南孔文化有其特别的意义，我们要让南孔文化走向全国、走向世界！

三、让南孔文化成为浙江文化大省的"重要窗口"

——浙江省委宣传部副部长、浙江省社会科学界联合会主席　盛世豪

盛世豪

衢州被誉为"东南阙里、南孔圣地",这是一份荣耀,更是沉甸甸的责任。南孔文化是浙江优秀传统文化长河中的耀眼明珠,我们必须从努力打造浙江文化大省的战略高度,以走在前列的排头兵姿态,当好南孔文化的守护者、传承者,成为创造性转化、创新性发展的探路者、先行者,让南孔文化成为浙江文化大省的"重要窗口"。

要在学深悟透上下功夫。要牢记总书记嘱托,并与总书记对传承弘扬中华传统文化的系列重要论述结合起来,与习近平同志在浙江工作期间对文化大省建设的一系列重要指示结合起来,认真学思践悟,深刻把握内涵。深入挖掘南孔文化的历史价值、思想价值和时代价值。

要在细梳深研上下功夫。要把南孔文化的研究阐释纳入浙江文化研究工程,对南孔文化资源进行全面梳理,加强相关文献整理,继续深入挖掘、研究、阐释南孔文化和江南儒学文化基因,使南孔文化价值体系和当代意义更加清晰,推出一批有重要影响的原创性成果和标志性成果,力争把南孔圣地打造成为具有全国影响力的儒学研究重镇。

要在传播普及上下功夫。优秀传统文化不能只让其躺在书斋里、活在书本中,需要走入社会、走入人心。要把南孔文化纳入优秀传统文化教育普及,推出南孔文化相关普及读本及地方教材,让南孔文化在年轻一代中落地生根、接续相传。要搭建一批传播交流平台,创新传播方式、加大宣传力度,推动南孔文化"走出去"。

要在融入结合上下功夫。要把南孔文化融入城市建设,挖掘衢州作为千年古城的历史文化价值,不断提升"南孔圣地·衢州有礼"城市品牌的影响力。要推动南孔文化与科技、旅游、教育等多产业深度融合,为实现传统文化业态的推陈出新、实现社会经济双效益贡献更多的"衢州经验"。

四、弘扬南孔文化要突出"知""爱""实"

——浙江省文史研究馆副馆长　郭学焕

　　我和衢州有缘，20 世纪 90 年代在衢州工作五年半。1991 年 11 月 27 日，为了弘扬南孔文化，衢州举办了浙江儒学发展论坛，大批专家学者与会，孔子第 75 世嫡长孙、沈阳黄金学院副院长孔祥楷先生是特邀代表，当晚，我对孔先生说："衢州市委市政府、衢州人民非常欢迎你回到老家，你回到衢州，能起到任何人都起不到的作用。"1993 年初，孔先生给我写信，表示愿意回衢。

郭学焕

孔先生回乡后，为传承弘扬南孔文化，主持、管理好孔氏南宗家庙，以及后来恢复南宗祭礼，召开国际儒学论坛，做了大量的工作，真正起到了任何人起不到的作用。

　　南孔文化的传承是衢州的大事，通过这样的传承来激发衢州人民向上向善的精神，为传统文化的弘扬做出贡献。我建议要在三个字上做好传承、弘扬南孔文化的文章。

　　一是"知"，要知道南孔文化传承的历史和内涵。南孔文化在衢州的弘扬、传承，历经了坎坷的南孔后人矢志不渝，在浙江儒学发展中起到了推动促进作用，这是一种可贵的精神。

　　二是"爱"，知衢州、爱衢州，知之愈深，爱之愈切。不爱衢州、不爱家乡，怎么能激发出热情和创造力？孔沫让爵，孔祥楷回乡，孔令立回衢，都是对家乡的热爱、对衢州南孔文化传承的挚爱。

　　三是"实"，实实在在把各项工作搞上去，从实际出发研究各项措施、步骤。"南孔圣地·衢州有礼"是我们的品牌和特色，把工作做到实处，产生实实在在的效果，这个品牌的影响就一定能越来越大，为衢州的经济社会发展做出更大的贡献。

第九章
品牌大事记

"南孔圣地·衢州有礼"城市品牌
打造工作大事记

◎ 2017 年

3 月，时任市委副书记、市长徐文光在陪同客商调研时提出"衢州有礼"品牌构想，并率先在旅游领域启动品牌策划和包装工作。

12 月，时任市委副书记、市长徐文光提出建设"衢州有礼"城市品牌的构想和框架，并组织力量开展专题研究。

◎ 2018 年

3 月 27 日，衢州市第七届人民代表大会第三次会议，"南孔圣地·衢州有礼"城市品牌被写入政府工作报告。

4 月 8 日，衢州市向全球发起"南孔圣地·衢州有礼"城市品牌标识（LOGO）和吉祥物征集活动。

4 月 12 日，衢州市承办长三角城市经济协调会第十八次市长联席会议，期间进行了"南孔圣地·衢州有礼"城市品牌的预发布，并推动长三角联席会议成员共同发起《做文明有礼先行者 共建美丽大花园》倡议书，成为联席会议的一大亮点。

5 月 3 日，衢州市召开全国文明城市创建"南孔圣地·衢州有礼"城市品牌打造工作座谈会，时任市委书记徐文光强调打造"南孔圣地·衢州有礼"城市品牌，是推动衢州发展的全领域、深层次、战略性工程，是大力弘扬孔氏南宗文化，传承历史文脉，加强基层治理和优化营商环境的战略举措。市领导居亚平、陈锦标、钱伟刚参加。

5 月 7 日，衢州市召开全国文明城市创建誓师大会暨"南孔圣地·衢州有礼"城市品牌打造动员会,对城市品牌打造工作进行专题部署。时任市委书记徐文光强调,要深入贯彻落实习近平总书记"让南孔文化重重落地"重要指示精神和省委关于全国文明城市创建"满堂红"工作要求,以更高站位、更大决心、更实举措,成功创建全国文明城市,全力打响"南孔圣地·衢州有礼"城市品牌,举全市之力打造"一座最有礼的城市"。市四套班子领导参加。

5月21日,衢州市召开市委七届四次全会,将"南孔圣地·衢州有礼"城市品牌正式纳入衢州"1433"发展战略体系,城市品牌打造作为城市文明工作被列入"三大战略"任务之一。

6月1日,衢州有礼大讲堂第一讲开讲,原中共浙江省委常委、杭州市委书记王国平作"打造新型城镇化2.0"专题报告。时任市委书记徐文光主持并讲话。汤飞帆、居亚平、吴国升等参加。

6月28日,"一带一路"(中国衢州)国际经贸合作活动在衢州举行,衢州城市品牌充分融入会场各个环节,对衢州城市品牌进行了宣传推广。

7月16日,打响"南孔圣地·衢州有礼"城市品牌专班全体成员到位。

7月23日,市委常委会研究通过了"南孔圣地·衢州有礼"城市品牌标识、吉祥物和卡通形象,强调要统一规范使用、统筹做好推广,不断提高普及率、知晓度和认可度,真正发挥应有作用,形成整体竞争力。尤其要把城市品牌元素融入经济社会发展的方方面面,融入干部群众的日常生活当中,努力做到活化、物化、产品化、形象化,让每个人都成为城市品牌的维护者、宣传者、推广者。

7月25日,衢州市在市政府新闻发布厅举行首场发布会,正式向社会发布"南孔圣地·衢州有礼"城市品牌。经过专家评审、社会投票、征求意见、综合考虑,最终确定"南孔圣地·衢州有礼"城市品牌标识是作揖礼,城市吉祥物是快乐小鹿,城市卡通形象是南孔爷爷。

8月4日,"南孔圣地·衢州有礼"城市品牌发布会暨"全球免费游衢州"政策推介会在北京举行。文化和旅游部、国家汉办、国际儒联、中国旅游协会、中国城市品牌促进会、中华文化促进会等领导,各大主流新闻媒体记者、旅行社代表、衢州商会代表出席。市委副书记、市长汤飞帆在会上做了推介讲话。市领导傅根友、钱伟刚、吕跃龙参加。

8月10日,衢州市召开"南孔圣地·衢州有礼"城市品牌打造工作座谈会,市委常委、宣传部部长钱伟刚部署下一阶段工作任务,要求实施好"礼仪之城"

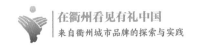

建设、"全域好礼"打造、"全民有礼"提升、"礼行天下"传播等四大行动，在"全球推广、全面融入、全域联动、全民参与"上精准发力，建立抓人促事、要素保障和督查激励机制，持续推进打响城市品牌工作，全力打造"一座最有礼的城市"。

8月16日，2018新时代文化旅游发展大会在衢州市举行。时任市委书记徐文光在会上做《衢州城市品牌的规划与演进》主题演讲。中华文化促进会主席王石，市委副书记、市长汤飞帆致辞。省旅游局副局长杨建武，省文化厅副厅长叶菁，市领导陈锦标、吕跃龙等出席。

8月25日，"南孔圣地·衢州有礼"城市品牌发布会暨"全球免费游衢州"政策推介会在上海举行。长三角城市经济协调会和上海市有关部门领导嘉宾，以及30多家中央驻沪媒体和上海本地媒体参加活动。市委副书记、市长汤飞帆出席并作推介讲话。市领导傅根友、钱伟刚、吕跃龙参加。

9月5日下午，"衢州有礼从我做起"作揖礼推介会在市工人文化宫举行，通过在全市机关干部中率先推广普及，带动各系统、各行业开展有礼活动，带动提升全体市民素质形象，让衢州人人有礼、处处见礼，让每一个人都成为"衢州有礼"的形象代言人。

9月5日，"南孔圣地·衢州有礼"城市品牌强势登陆宁杭甬高铁线，为衢州城市品牌形象的宣传再添新动力。

9月8日，首期南孔大讲堂在中国儒学馆3楼报告厅正式开讲，主讲嘉宾浙江省社会科学院研究员、浙江省文史研究馆馆员吴光教授以"深入挖掘南孔文化精神，打造传承复兴儒学的精神高地"为主题展开精彩论述。

9月22日，首届衢州人发展大会暨"活力新衢州、美丽大花园"建设论坛主旨大会在市工人文化宫隆重举行。大会尾声，全场嘉宾高声齐诵"衢州有礼"首届衢州人发展大会宣言。

9月22日，在南非开普敦举办的室外拔河世锦赛闭幕式上，18个国家和地区的1300多人，接受"来自孔子的邀请"，"衢州有礼"将南非世锦赛推向了高潮。

10月7日，衢州市在全市范围内开展"文明从有礼开始"主题实践活动，旨在深入推进全国文明城市创建，大力推广"南孔圣地·衢州有礼"城市品牌，着力打造"一座最有礼的城市"。

10月8日，衢州市正式颁布实施《衢州有礼市民公约》，进一步规范市民行为，引导市民树立文明观念、展示文明形象，不断提高市民文明素质和社会文明程度，形成全市人民一致认同的道德规范和文明约定。

10 月 13 日，"南孔圣地·衢州有礼"城市品牌发布会暨"全球免费游衢州"政策推介会在武汉举行。湖北省、武汉市有关部门领导嘉宾，及 60 多家中央驻武汉媒体和武汉本地媒体参加活动。市委副书记、市长汤飞帆出席并作推介讲话。市领导傅根友、钱伟刚、吕跃龙参加。

10 月 20 日，衢州市 2018 全民读书周、社科普及周暨衢州书展在市区南湖广场开幕。活动现场专门开设"衢州有礼"展台展示衢州有礼系列文创产品。

10 月 22 日，市委宣传部发文向全体市民、各机关企事业单位公开征集《衢州有礼市民公约》原创视频作品，进一步扩大《公约》影响力，用生动鲜活的表现形式进行宣传，号召更多市民自觉遵守，争做文明市民，共建文明城市，共同打造"一座最有礼的城市"。

10 月 27 日，"南孔圣地·衢州有礼""好听衢州"西区大草原音乐会的首场"声乐专场音乐会"拉开帷幕。

10 月 30 日，时任市委书记徐文光在调研"南孔书屋"和全民健身中心建设运营情况时强调：要通过开发"好听、好看、好吃、好玩"等系列品牌，把"有礼"形象化、具体化、体系化，更好满足人们对精神文化、健康快乐的需要，不断提升衢州市的魅力、吸引力和竞争力。

11 月 1 日，衢江区举办 2018 第二届世界针灸康养大会。联合国第八任秘书长、博鳌亚洲论坛理事长潘基文在大会晚宴上致辞后，做作揖礼并用中文推介"衢州有礼"。

11 月 6 日，衢州市第五期电视问政节目《请人民阅卷》开播，本期问政主题为"做有礼衢州人"。让有礼成为一种风景、一种风尚，节目一经播出，迅速引发全城热议。

11 月 8 日，在中国国际进出口博览会期间，由衢州市人民政府、浙江省商务厅、南南合作促进会国际产能合作长三角分会共同主办的衢州（上海）"一带一路"经贸合作推介会在上海举行。来自伊朗、斐济、斯里兰卡、印尼、俄罗斯、韩国等国家的驻沪总领事、驻沪首席代表、商会和企业代表以及部分进博会衢州代表团企业等百余人应邀参加，推介会上做"南孔圣地·衢州有礼"城市品牌推介。

11 月 10 日，"南孔圣地·衢州有礼"城市品牌发布会暨"全球免费游衢州"

政策推介会在深圳举行。广东省、深圳市有关部门领导嘉宾，40多家中央驻深圳媒体和深圳本地媒体参加活动。市委副书记、市长汤飞帆出席并作推介讲话。市领导钱伟刚、吕跃龙参加。

11月14日，"南孔圣地·衢州有礼"号列车发车仪式在杭州东站举行。市领导钱伟刚参加。

11月23日，衢州有礼战略合作签约仪式暨国礼联盟新闻发布会在杭州万事利科技大厦举行。通过与杭州万事利丝绸文化股份有限公司进行战略合作，加大培育"有礼"产业力度，培育更多的"有礼"精品。市领导钱伟刚、吕跃龙、徐旭卿参加。

11月29日，长三角国际文化产业博览会在上海展览中心拉开帷幕。衢州馆以"南孔圣地·衢州有礼"为主题，通过视频宣传、有礼产品展示、南孔文化传播等方式，呈现了这座底蕴深厚、文脉绵长的历史之城。

12月1日，"南孔圣地·衢州有礼"城市品牌发布会暨衢州市援川东西部协作交流对接会在成都市举行。四川省及成都市、泸州市、绵阳市、乐山市有关领导、嘉宾，30多家中央驻成都媒体和成都本地媒体参加活动。市委副书记、市长汤飞帆出席并作推介讲话。市领导傅根友、钱伟刚、吕跃龙参加。

12月10日下午，市委召开全市宣传思想工作会议暨全国文明城市创建推进会。时任市委书记徐文光强调，要大力培育衢州有礼新人，围绕推动市委"1433"发展战略体系重重落地，加强和改进新时代精神文明建设，打赢全国文明城市创建攻坚战，打响"南孔圣地·衢州有礼"城市品牌，打好乡风文明"组合拳"，让"有礼"成为每一名衢州人的新名片。

12月13日晚，会同市总工会举办首届"衢州有礼·职工风采"礼仪技能竞赛及颁奖活动。

◎ 2019 年

1月1日起，在中央电视台投放城市宣传广告。其中，单日在1套综合频道和13套新闻频道并机播出的《朝闻天下》节目播出，双日在13套新闻频道《共同关注》节目播出。

1月23日，"南孔圣地·衢州有礼"城市品牌获第七届"浙江省宣传思想文化工作创新奖"，并在所有获奖单位中名列第二。

2月12日，"活力新衢州　美丽大花园"建设表彰大会在衢州市工人文化宫隆重举行，城市品牌打造专班获"城市品牌先锋战队"称号。

3月6日，《人民政协报》第15版以《世界你好，衢州有礼了！》为题，整版报道衢州城市品牌打造工作。

3月10日，确定"南孔圣地·衢州有礼"城市主题歌曲全国征集活动结果并对外公布，金奖空缺，《爱上一座有礼的城》《南孔圣地，衢州有礼》获银奖，《衢州有礼》《我们衢州是圣地》等3首歌曲获铜奖，《以礼相邀》《衢天下》等6首歌曲获优秀奖。

3月31日，举办"南孔圣地·衢州有礼"号客机首飞仪式，市委副书记、市长汤飞帆宣布飞机首飞，市领导钱伟刚、吕跃龙参加活动。

4月24日，召开2019"南孔圣地·衢州有礼"城市品牌打造工作推进会，部署2019年衢州城市品牌打造工作，正式确定2019年"南孔圣地·衢州有礼"城市品牌打造十大任务。市领导钱伟刚参加活动并讲话。

4月25日，在杭州举办"南孔圣地·衢州有礼"城市品牌发布和旅游推介会，市领导吕跃龙参加活动并推介衢州城市品牌。

5月14日，"南孔圣地·衢州有礼"城市品牌在北京地铁4号线，14号线，大兴线，16号线站台大屏、站内屏和车厢内屏循环播放，全天播放36次，日均展示量超700万人次。

5月28日，举办衢州城市形象大使聘任仪式暨"文明有礼　冠军同行"志愿服务活动。时任市委书记徐文光参加活动，并为黄雅琼颁发聘书。聘任仪式后市领导与黄雅琼共同开展了交通劝导等志愿服务活动。黄雅琼还拍摄了文明有礼公益宣传片和城市品牌宣传片。

6月1日，在西安举办"南孔圣地·衢州有礼"城市品牌发布会。市委副书记、市长汤飞帆出席并作推介讲话。陕西省文化和旅游厅、西安市委、西安市委宣传部、西安市人民政府领导参加活动。市领导钱伟刚、吕跃龙参加活动。活动被陕西传媒网、《西安日报》、《西安晚报》、西安电视台等当地媒体和央广网、央视新闻移动网等中央媒体报道。

6月1日，南孔爷爷、快乐小鹿亮相衢州儿童公园与市民们欢度六一儿童节。

6月6日，"俄罗斯·浙江文化旅游周"活动开幕，"南孔圣地·衢州有礼"城市品牌作为唯一一个地级市，在俄罗斯莫斯科"首秀"。中国文化和旅游部

部长雒树刚对衢州展厅布展连连点赞。

6月14日，"青春中国·衢州有礼"原创音乐大赛正式启动。

6月21日，"丰收中国·衢州有礼"我唱村歌给党听乡村音乐季启动。

6月25日，"钱江论潮"文化引领城市高质量发展论坛在杭州举行，市领导钱伟刚参加活动并做主题演讲，推介衢州城市品牌。

6月27日，衢州有礼城市主题歌曲专辑发布。

6月27日，"作揖礼"标识31类别通过国家知识产权局初审。

6月28日，在衢州往返重庆的"南孔圣地·衢州有礼"号民航客机上，举办"南孔圣地·衢州有礼"号航班空中快闪活动。

7月1日，在北京世界园艺博览会举办以"南孔圣地·衢州有礼"为主题的"衢州城市主题日"，获得世园局高度认可，成为全省各地市中唯一在中国馆展出的展品。

7月6日，在重庆举办"南孔圣地·衢州有礼"城市品牌和旅游推介会，着力推介"清凉衢州"特色旅游，全景式展现衢州丰富的文化旅游资源。电影演员周迅、羽毛球世界冠军黄雅琼也通过视频与重庆市民见面，联合推介家乡。市领导钱伟刚参加活动并作推介讲话。

7月25日，在衢州城市品牌正式发布一周年之际，举办"好听衢州"——礼乐·草原音乐会城市品牌歌曲专场，唱响城市主题歌曲征集获奖作品。

8月26日，在大连举办"南孔圣地·衢州有礼"城市品牌和旅游推介会，以"美味衢州·礼遇大连"为主题，展示衢州特色美食及旅游，推出九月特色系列旅游、机票优惠活动。

8月27日，在沈阳举办"南孔圣地·衢州有礼"城市品牌和旅游推介会，以"花园衢州·礼遇沈阳"为主题，通过"现场＋直播"方式展示衢州特色旅游及非遗，并送出旅游大礼包。

9月8日，"南孔圣地·衢州有礼"城市品牌系列品牌"三衢味"区域公用品牌发布会在杭州举行。

9月24日，最江南"南孔圣地·衢州有礼"系列文旅微纪录片开机。

9月28日，让世界看到"一座最有礼的城市"，纪念孔子2570周年诞辰祭祀典礼举行，在纪念孔子2570周年诞辰祭祀典礼后，举行大型专题纪录片《南孔》开机仪式。

9月30日，徐建雄、毛芦芦、郑树森、邵子衿等15位不同行业和不同领域的优秀代表，被聘为"南孔圣地·衢州有礼"城市品牌代言人。

10月29日，"南孔圣地·衢州有礼"号民航客机执飞衢州至西安首航。

11月14日，2019"有礼杯"衢州首届国际花园城市摄影大赛结果揭晓。

11月15日，"青春中国·衢州有礼"大学生原创音乐大赛唱响衢州有礼。

11月23日，在2019博鳌国际旅游传播论坛，"南孔圣地·衢州有礼"系列案例斩获博鳌国际旅游奖传播口号榜、文旅整合营销案例榜、IP形象榜三项大奖。

11月27日，"礼遇衢州"文化创意产品设计大赛结果揭晓，45件优秀作品获奖。

11月30日，2019中国城市大会，衢州首次跻身中国城市品牌评价百强榜，排名第45位，被评为2019全国品牌城市。

12月28日，在广州举办"南孔圣地·衢州有礼"城市品牌推介会，以"活力衢州·礼遇广州"为主题，以会为媒，以旅促商，推介了衢州优秀投资环境。

◎ 2020 年

1月1日，衢州城市品牌2020年的央视广告、央视天气预报广告、高铁冠名广告正式上刊。在央视《新闻30分》《海峡两岸》等栏目投放衢州城市品牌宣传片；在《朝闻天下》栏目的《天气预报》播放城市宣传；高铁宣传扩容扩面，投放的两列16节城市品牌高铁列车，运行于162个国内大中城市。

1月8日，举行"衢州有礼·代言有你"车贴活动"年度有礼司机"颁奖仪式。

1月13日，提升文化展示，"南孔圣地·衢州有礼"号民航客机、高铁列车、市内公交、市区公园、工地建筑围挡区域等全面融入《论语》经典语句。

1月15日，开展春节期间城市品牌氛围营造，在水亭门、礼贤桥、衢州高铁站、吾悦广场布置城市品牌卡通形象南孔爷爷、吉祥物快乐小鹿大型玻璃钢雕塑等城市品牌网红打卡点，派发"衢州有礼"新年大礼袋，宣传南孔爷爷、快乐小鹿的新年拜年短视频。

1月24日，"衢之礼"创意馆在水亭街正式营业，作为"衢州有礼"系列宣传品、文创产品的重要展示平台向来宾、游客开放。

1月29日，在疫情防控压力最大的时候，衢州向全市发出了《推广作揖礼倡议书》，倡导"防疫情，少接触，见面不握手，改行作揖礼"。以此拉开持续

推广作揖礼助力抗疫行动，开展作揖礼系列宣传、全面使用防疫宣传彩铃，与喜马拉雅合作普及防疫知识。

2月13日，"南孔圣地·衢州有礼"成功冠名《小康》杂志2020中国礼仪百佳县市榜，其中柯城区排名第5，衢江区排名第63，榜单内容登陆学习强国平台。

2月19日，汤飞帆市长抗疫助农直播，向外推介作揖礼、南孔爷爷、快乐小鹿。

2月20日，复产复工后持续推进各行业行作揖礼，机关单位、服务行业、重要窗口开始全面实施改握手为作揖，使"作揖防疫健康有礼"风靡全市，获全网关注。

2月24日，《浙江日报》半版、《钱江晚报》整版刊登《衢州有礼齐心抗"疫"勇担当》深度报道衢州全面践行有礼、推进公筷公勺、握手改作揖、请全国医护人员免费游等抗疫举措。

3月8日，启动"全城礼敬　等你凯旋——致敬驰援湖北的白衣战士"公益行动，衢州全城亮屏播放宣传视频，以"歌为你唱、灯为你亮、满城鲜花为你绽放"的形式向白衣战士致敬。

3月25日，升级版"南孔圣地·衢州有礼"城市品牌公交车广告上刊运行。

3月27日，开展全市中小学、幼儿园线上作揖礼教学。

4月3日，颁布《公务员荣誉退休制度试行方案》，推行荣誉退休制度，让每一位退休人员感受有礼。

4月15日，开展"衢州有礼"号航班冠名一周年验收活动。

4月16日，举行援鄂医护人员归来欢迎晚会，为衢州52名援鄂医护人员送上了一份特殊的定制礼物：抗疫版南孔爷爷和快乐小鹿。

4月23日，2020年世界读书日，衢州结合全球抗"疫"要求，策划组织"书香衢州·云上有约"系列活动，开拓云上阅读新模式。重磅打造"云上领读会"，孔子第75代嫡长孙孔祥楷，衢籍羽毛球世界冠军、衢州城市形象大使黄雅琼、衢州作家、城市品牌代言人毛芦芦，衢州乡贤、浙江经视新闻评论员舒中胜，衢州援鄂医务人员代表赵凯旋等十名各界知名人士以真情实感引导全体市民一起阅读好书、传递书香。

4月29日，叶檀财经走进衢州"云招商"直播活动，时任市委书记徐文光、市长汤飞帆等出席活动，线上线下与企业家交流互动，宣传衢州、推介衢州。

衢州城市吉祥物快乐小鹿和衢州城市卡通形象南孔爷爷亮相大会，向全网展示衢州有礼形象。

5月6日，举行"南孔圣地·衢州有礼"号民航客机衢州至成都、衢州至贵阳航线的首飞仪式。

5月13日，启动公筷公勺全省推广调研交流活动。向全省传播使用公筷公勺等有礼经验。

5月18日，"衢州有礼"号游轮首航抵衢，正式开启杭衢钱塘江诗路之旅。

5月21日，《人民政协报》以《浙江衢州：全力打造一座最有礼的城市》为题，整版报道衢州以文明为追求，全力打造"一座最有礼的城市"。

5月22日，《衢州市文明行为促进条例》公布实施，确定每年9月28日所在周为衢州有礼周。条例还充分结合新冠肺炎疫情对文明行为提出的新要求，将使用公筷公勺、倡导使用作揖礼等规范纳入法规当中。

5月22日，时任市委书记徐文光接受《绿色中国》专访，发出"让有礼行动成为衢州高质量发展新引擎"口号。

5月23日，"青春中国·衢州有礼"全国大学生原创音乐大赛正式启动。著名歌唱家郁钧剑，衢州城市形象大使、羽毛球世界冠军黄雅琼作为赛事特别嘉宾到启动仪式现场。

6月11日，召开2020年"南孔圣地·衢州有礼"城市品牌打造工作推进会。

7月3日，召开衢州市"有礼指数"（CI）新闻发布会，正式公布"有礼指数"测评体系细节。

7月7日，启动"衢州有礼·相约民宿"衢州文创产品创意设计大赛，在全网发布大赛公告，开展作品征集。

7月11日，举办"衢州有礼 红伞代言"公益行动启动仪式。在市区出租车、公交、行政服务中心、高铁站、机场候机楼等地投放3000把有礼小红伞。让每个衢州人都成为"有礼"的代言人，助力形成"有礼"传递、爱心延续的氛围。

7月24日，《钱江晚报》刊登城市品牌两周年宣传文章《衢州有礼，一座城市的软实力》。

7月25日，举办2020衢州城市品牌云推介活动，利用直播向长三角推介"南孔圣地·衢州有礼"城市品牌，直播平台累计观看人数超过1200万人次，现场"风物衢州·锦绣非遗"等活动大获好评。

7月31日,《浙江日报》全版刊登衢州宣传文章《东南阙里·南孔圣地》

8月22日,在长沙举办以"湘映成衢·礼遇星城"为主题的"南孔圣地·衢州有礼"城市品牌推介会,现场招才引智、旅游推介等主题受到广泛关注。《人民日报》、湖南经视、湖南都市、《湖南日报》等20余家主流媒体对活动进行报道,《潇湘晨报》半版面图文宣传,湖南省文旅厅微信公众号推送活动内容;湖南经广电台节目推介衢州免费游政策。

9月6日,在习近平总书记对衢州做出"让南孔文化重重落地"15周年的重要日子,在衢州举办"南孔文化创造性转化、创新性发展研讨会"。邀请中国社科院、华东师范大学、浙江省文史研究馆、亚洲文化交流协会、国际儒学联合会等众多机构的专家学者来衢为推动南孔文化发展集思广益、博采众长。

9月16日,启动非遗代言城市品牌创作大赛。

9月19日,在宁波举办以"山水衢州礼遇宁波"为主题的"南孔圣地·衢州有礼"城市品牌推介会,现场美食活动、投资环境推介、旅游推介大获好评,并达成旅游战略协议。

9月22日,参加山西万荣县中国农民丰收节,在主会场通过线上直播、线下宣传的形式展示城市品牌,相关画面登陆央视一套《晚间新闻》栏目。

9月23日,在宁德开展了以"通江达海、山呼海应"为主题的"南孔圣地·衢州有礼"城市品牌推介会,正式启动了2020衢州文化旅游(福建)推广周活动。新华网、凤凰新闻、中国网、新浪网等30多家媒体进行深入报道。

9月25日,举办"青春中国·衢州有礼"全国大学生原创音乐大赛巅峰之夜。

10月9日,刘子琪演唱的《有礼》MV在央视15套音乐频道播出,唱出了衢州对有礼文化的赞颂。

10月12日,在《中国城市报》第28版整版刊登献礼国庆专题文章《浙江省衢州市:有希望与活力,就有诗与远方》。

10月20日,中国驻瑞典大使馆斯德哥尔摩中国文化中心刊发《南孔圣地衢州有意思 | AnIn-depth Tourin Quzhou,Zhe jiang Province》,全面推介衢州城市品牌,文章获《北欧时报》《北欧绿色邮报》等媒体转载。

10月30日,在厦门举办主题为"一鹭通衢·礼遇厦门"的"南孔圣地·衢州有礼"城市品牌推介会,现场非遗表演、双招双引推介、旅游推介等获得好评;与厦门建发国旅集团达成旅游战略协议。

11 月 21 日，"南孔圣地·衢州有礼"城市品牌营销系列案例在第五届博鳌旅游传播国际论坛上斩获 2020 年度品牌营销唯一金奖。

12 月 21 日，完成"衢州有礼·相约民宿"文创大赛、非遗短视频创作大赛评选。共征集 268 件文创作品，39 件非遗短视频作品，网络评选共吸引超过 35 万人参与投票，构建起以文创产品、非遗作品代言"南孔圣地·衢州有礼"城市品牌的新模式。

12 月 23 日，各大媒体推送"南孔圣地"浙江衢州：以"有礼"品牌营造"有礼之治"。

12 月 30 日，举办"礼遇衢州"系列书籍赠阅仪式，向市区东方大酒店、衢府官邸等 12 家四星级酒店及精品民宿赠送 1700 套"礼遇衢州"系列书籍。

12 月 30 日，举办"衢州有礼红伞代言"第二季公益活动启动仪式。

◎ 2021 年

1 月 1 日，举办"百年大党·衢州有礼"迎新年活动，近千人参与。活动新闻先后登陆央视《新闻联播》、《浙江新闻联播》、《人民日报》、新华社、《光明日报》等十余家中央、省级主流媒体。

1 月 1 日，2021 年衢州城市品牌宣传在央视、央视天气预报、高铁广告上刊。在《新闻联播》、《朝闻天下天气预报》、中国天气频道《城市天气预报》、中国教育电视台《城市天气预报》等栏目黄金时段播放衢州城市宣传；7 组"衢州有礼"号高铁列车在覆盖华东、华北、华南和长江经济带基础上，新增覆盖了整个华中以及中原地区。

2 月 2 日，开展"留衢过大年·有礼有福"系列活动，为留衢过年的医务工作者、建筑工人、企业职工等送上新春对联福字大礼包。

2 月 8 日，开展城市品牌新春定制微信红包、拜年视频宣传，向全市市民拜年，传递衢州有礼，获市民热捧。

2 月 12 日，2020"青春中国·衢州有礼"全国大学生原创音乐大赛优秀作品《衢州衢州》、《衢往今来》MV 登陆学习强国平台。

3 月 3 日，衢州城市品牌宣传进入全国"两会"，央视黄金栏目黄金时段早中晚全覆盖宣传、北京南站 13 块 LED 屏进行为期两周的城市品牌宣传播放、全国人大代表将城市品牌宣传品带入两会代表驻地进行宣传，获得良好宣传

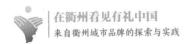
效果。

3月4日,《人民政协报》整版刊登衢州宣传文章《东融西进 东联西拓浙江衢州:加快建设浙皖闽赣四省边际中心城市》。

3月18日,启动"衢州有礼我代言"城市品牌代言人宣传活动。

3月23日,举办"百年大党·衢州有礼"庆祝建党100周年系列活动发布仪式。

3月23日,启动百名共产党员"读百年风云·守红色传承"短视频祝福活动。

4月1日,在山东济南举办以"泗浙同源·礼遇泉城"为主题的"南孔圣地·衢州有礼"城市品牌推介活动,向山东人民全面推介衢州丰富的文化、旅游、美食资源及良好的营商环境,将"衢州有礼"传至齐鲁大地。

4月1日,相继与尼山世界儒学中心、曲阜签订南北儒学文化交流战略合作协议,推动双方在多领域开展孔子文化交流合作。

4月30日,第三届"青春中国·衢州有礼"全国大学生主题原创音乐大赛正式启动。活动面向全国大学生征集主题原创歌曲,以青春之歌献礼党的百年华诞。

一、中共衢州市委衢州市人民政府关于创建文明城市打响城市品牌打造"一座最有礼的城市"的实施意见

为深入贯彻落实党的十九大精神和市委七届四次全会的决策部署,创建全国文明城市,打响"南孔圣地·衢州有礼"城市品牌,特制定本实施意见。

一、指导思想

以习近平新时代中国特色社会主义思想为指导,深入贯彻落实习近平总书记"让南孔文化重重落地"重要指示精神和省委关于全国文明城市创建"满堂红"工作要求,立足从更高的层次、更宽的视野、更新的角度来加强对儒学文化的研究,积极探索儒学文化的现代意义,推动优秀南孔文化创造性转化、创新性发展,使全国文明城市创建与打响"南孔圣地·衢州有礼"城市品牌融合推进、相得益彰,建设南孔圣地礼仪城,打造"一座最有礼的城市",让"有礼"成为衢州的个性标识,成为建设希望之城、奋斗之城、温暖之城的重要支撑,彰显衢州城市魅力,着力提升城市软实力和竞争力,为建设"活力新衢州、美丽大花园"提供重要支撑和强大动力。

二、工作目标

——打造形象之礼。"南孔圣地·衢州有礼"城市品牌形成城市"超级IP",影响力价值位居全国城市品牌中上游水平。城市品牌标识系统全面构建,融入经济社会发展各个领域得到广泛传播、普及和使用,向全国乃至世界全方位展示。

——打造文化之礼。优秀南孔文化得到传承发展,"礼"体现到打造基层治理最优城市当中,贯穿到党建统领基层治理的方方面面;"礼治"成为基层治理的衢州素材、衢州经验、衢州样本。坚持文明育人、以文化人,到2020年成功创建全国文明城市,城乡居民文明素质、有礼养成全面提升,城市文明程度、城市文化品位、群众生活质量全面提升,城市治理现代化水平全面提升。

——打造产业之礼。南孔古城加快复兴,衢州成为古今辉映、水城交融、蓝绿交织、产城共融的历史之城、现代之城、未来之城。城市品牌资源从注意力经济、形象力经济向特色产业转化通道有效打开,形成业态多元、链条完整、品牌运营的"衢州有礼"产业体系,成为产业创新的特色亮点、经济发展新的增长点。

三、基本原则

——整体规划，分步实施。坚持全市"一盘棋"，把城市品牌打造和全国文明城市创建纳入全市经济社会发展总体布局，加强顶层设计、系统设计、制度设计，统筹考虑、合理规划、整体推进，同时细化各年度目标和攻坚计划，围绕重点区域、重点任务和关键要素、关键环节，优先突破、逐步实施，做到可操作、可量化、可评估。

——品牌引领，文明共建。坚持将南孔文化思想道德精髓融入现实生活，与创建全国文明城市和践行社会主义核心价值观有机结合，与探索自治法治德治"三治融合"的基层治理新模式有机结合。持续开展社会主义核心价值观主题活动和"衢州有礼"系列活动，使人民群众在潜移默化、润物无声中得到感染和升华。

——产业为基，融合发展。坚持把促进文化与经济融合发展作为重要支撑，牢固树立"文化是高质资本、宝贵财富，是生产力、竞争力"的理念，坚持用文化提升产业层次，用产业承载社会文化，构筑良好文化产业生态，放大城市品牌文化、现代城市文明的倍增效应，全面提升文化引领转型发展的能力。

——各方联动，全民参与。坚持以人民为中心，把保障人民群众的根本利益作为第一宗旨，把群众的需求作为第一信号，把群众的满意作为第一标准，充分调动人民群众参与的积极性、主动性和创造性，通过各方联动、全民行动，全力以赴，使创建全国文明城市和打响城市品牌成为共建共享的惠民工程和民心工程，不断提升人民群众的获得感、归属感、荣誉感、幸福感。

四、运行构架

构建"12345"的运行构架，"1"即一个总目标，以打造"一座最有礼的城市"为总目标；"2"即两个主抓手，创建全国文明城市，打响"南孔圣地·衢州有礼"城市品牌；"3"即三个礼相融，打造"形象之礼、文化之礼、产业之礼"，实现产城相融、文旅相生、业态相连；"4"即四个全打通，内向打通文明城市创建与城市品牌打造，外向打通中国营商环境最优城市、中国基层治理最优城市"两个最优城市"建设，横向打通文化事业发展和文化产业发展，纵向打通南孔古城复兴和南孔文化复兴；"5"即五个大行动，实施"文明城市"创建行动、"礼仪之风"培育行动、"全域好礼"打造行动、"全民有礼"提升行动、"礼行天下"传播行动。

五、主要任务

（一）实施"文明城市"创建行动

1. 强化理想信念教育。深入学习贯彻习近平新时代中国特色社会主义思想和党的十九大精神，学习宣传贯彻"五位一体"总体布局和"四个全面"战略布局，引导干部群众增强"四个意识"、坚定"四个自信"，汇聚起同心共筑中国梦的强大力量。

2. 加强社会主义核心价值观建设。依托基层宣传文化阵地和爱国主义教育基地、道德讲堂、文化讲堂等，开展社会主义核心价值观教育。开展市民公约、村规民约、学生守则、行业规范、职业规则、团体章程等规范守则教育实践活动。开展身边好人、最美人物、时代楷模、凡人善举等学习宣传活动，发挥榜样作用。深化文明家庭创建和传承好家风好家训活动，推动社会主义核心价值观落细落小落实。

3. 深化文明细胞创建。推进文明行动进机关、进企事业单位、进学校、进社区、进景区，并延伸到新经济组织、新社会组织。各级文明委成员单位开展具有行业特色、职业特点的文明实践活动。大力开展小城镇文明行动，加强乡风文明建设，有效整治不良社会风气等突出问题，培育一批文明户、文明村、文明镇（乡），打造一批有礼乡镇、有礼村庄、有礼家庭。

4. 推进"八大环境"创建。坚持以人为本、创建惠民，优化环境，围绕建设"廉洁高效的政务环境、公平正义的法治环境、诚信守法的市场环境、健康向上的人文环境、利于青少年健康成长的社会文化环境、舒适便利的生活环境、安全稳定的社会环境、可持续发展的生态环境"八大环境，坚持硬件软件一起抓，营造优美环境、优质服务、优良秩序，提升城市品位。

（二）实施"礼仪之风"培育行动

1. 加强南孔文化研究。加强与国内国际权威机构、科研院所、高等院校等合作，成立南孔文化研究院，形成儒学研究和合作交流平台。深化儒学文化、有礼文化、南孔文化等系统性研究，举办儒学、礼仪等交流研讨活动，提升南孔文化影响力，打造儒学教育培训基地和全国乃至世界儒学传播中心，推动南孔文化复兴。

2. 建设"南孔圣地·衢州有礼"CIS城市品牌标识系统。统一推广使用"南孔圣地·衢州有礼"城市品牌标识。加快城市自然景观、建筑景观特别是景观性元素和雕塑规划建设。在各类公务活动中统一使用、推介城市品牌标识，在设计制作外宣品时，凸显城市品牌标识元素。在市政设施、公共交通工具、主要公共场所、人流密集地广泛使用城市品牌标识。

3. 构建"礼仪之城"标准体系。实施以文明礼仪标准规范、文明礼仪宣传传播、文明礼仪设施提升、节庆礼仪规范、文明礼仪志愿服务、文明礼仪城乡共建等为主要内容的礼仪之城建设行动，推进礼仪进校园、进机关、进窗口、进企业、进医院、进社区、进乡村、进网络，在各行各业和全社会建立文明、规范的礼仪秩序，创建礼仪之城标准规范。

4. 打造"有礼"文化地标。坚持"文化＋文明"，在城市，建设"有礼广场、有礼大道、有礼公园、有礼学校、有礼街区、有礼社区"等文化地标，建设一批"衢州有礼"城市书屋。在乡村，挖掘、保护、传承和弘扬优秀的乡村"有礼"风俗和文化，纳入村规民约。加强农村文化礼堂的"礼"文化培育，推动移风易俗，提升乡风文明，加快乡村振兴。

5. 培育重大城市文化品牌。构建文化事业多元投入机制，积极引入社会资本，打造一批高质量、高水平、高档次的公共文化设施。策划组织知名学者解读南孔文化，创新举办全国性文化体育赛事等活动，推出南孔文化讲堂。加强与山东省文化和旅游部门、曲阜市合作，探索建立"好客山东、衢州有礼"儒学文化研究、城市品牌营销等合作机制，加快借势借力发展。

（三）实施"全域好礼"打造行动

1. 制定产业发展政策。制订"衢州有礼"产业发展计划和扶持激励政策，培育一批特色礼品和纪念品研发制造企业和基地。积极引导投资建设南孔酒店、南孔民宿等特色主题酒店宾馆，开发南孔家宴高端品牌连锁餐饮、中国传统礼节特色美食系列。发挥"互联网＋""文化＋"作用，长线开发"南孔""有礼"等核心 IP，发展壮大文创产业。

2. 打造产业交易平台。高水平举办"衢州有礼"文博会，开展礼品包装设计大赛，展示一批"衢州好礼"，搭建展示交易平台，形成全省乃至全国特色礼品展示交易中心、四省边际文化产业高地。

3. 培育产业新业态。推进南孔古城复兴，统筹抓好古城保护建设开发，形成自然＋人文、现代＋传统、风景＋风情、温度＋深度有效互补的城市内涵特色。加快特色小镇、文创街区建设，积极引进文化主题公园、文化娱乐中心、主题赛事等项目，加快构建城市标志景观和主客共享的城市休闲空间。推动自然生态资源和社会人文资源产业化开发，推出美食游、修学游、体验游、人文

游、生态游、康养游等产品，培育发展城市伴手礼产业，打造"新衢礼"产品体系。

4. 推广"南孔圣地·衢州有礼"品牌产品。加强与国家和省级旅游行业协会以及大型旅游网站、全国百强旅行社等重点企业合作，开展"南孔圣地·衢州有礼"文化旅游品牌宣传营销。加大"南孔圣地·衢州有礼"商标注册、培育、保护、监管力度，提升"南孔圣地·衢州有礼"品牌的知名度和推广使用率。坚持"1＋N"发展理念，从高端化、品牌化、标准化等方向推进"南孔圣地·衢州有礼"品牌与旅游购物、农特产品等品牌的深度融合、整合优化，形成整体竞争力。建设"衢州有礼"全域旅游信息平台。引导和鼓励企业申请使用"衢州有礼"集体商标，开设"衢州有礼"专店专柜，扶持关联产业和企业发展。

（四）实施"全民有礼"提升行动

1. 凝聚"衢州有礼"共识。在全社会开展"衢州有礼"大家谈活动，组织专家开展"南孔圣地·衢州有礼"专题研讨，总结提炼"南孔圣地·衢州有礼"核心内涵，凝聚社会共识。制定"衢州有礼"市民公约，编印《"衢州有礼"手册》，开展"有礼"教育培训，推进服务窗口"有礼"标准化建设。

2. 大力推广政务礼仪。发挥领导干部带头作用、机关单位示范作用，制作《"衢州有礼"作揖礼标准》及其图示、视频等，进行普及推广，引导全市各级机关干部模范践行"有礼"文化，讲究文明礼仪，提升素质形象。大力倡导"谦恭有礼、执法为民"，在感情上亲民、在措施上为民、在程序上便民、在效果上利民。在全市各级领导干部中全面推广使用统一的"衢州有礼"标识名片。把"有礼"纳入领导干部考核测评体系，纳入机关党建工作目标考核。

3. 全面普及基本礼仪。广泛开展文明出行、文明旅游、文明用餐、文明上网、文明待客等活动，向全社会普及基本文明礼仪。大力倡导"行车有礼、说话有礼、吸烟有礼、待人有礼、睦邻有礼"等良好社会风尚，选树宣传一批"有礼"典型。加强"衢州有礼"志愿者招募培训，在交通枢纽、商业中心、旅游景区、广场公园、重要场馆等公共场所，建设一批"衢州有礼"志愿者服务站，开展各类志愿服务活动。编印《衢州有礼》德育地方课程，在全市大中小学校推广普及，开展各类养成教育活动。

4. 加强"有礼"养成监督。推进"雪亮工程"的深度应用和拓展应用，公开曝光斑马线不礼让行人、逆向行驶、违章停车、公共场合吸烟等典型"失礼"

行为。创新市民有礼监督评价机制，组建市民有礼巡访团，设立"文明眼"，开展"随手拍"，引导市民及时发现"身边好礼"，随时反映、监督"失礼行为"，通过媒体表扬、曝光等形式，推动形成全民守规守礼的良好风尚。

5. 推动"衢州有礼"立法。研究制定《"衢州有礼"促进条例》，明确全市各级各部门和组织在重大文化、体育、经贸、旅游等活动中应当使用和推广好"衢州有礼"品牌。新闻媒体应将"衢州有礼"品牌纳入公益宣传，不断提升"衢州有礼"的公众知晓度。

（五）实施"礼行天下"传播行动

1. 统一品牌形象。制作城市品牌形象宣传片，在国内重点城市主流媒体以及客流密集区进行宣传。准确定位"南孔圣地·衢州有礼"城市品牌形象和各县（市、区）区域品牌形象的关系，形成"衢州有礼"VI系统，各县（市、区）在推广各自品牌形象时须前置加"衢州有礼"品牌，实行"联合推荐、捆绑营销"。

2. 加强文化传播。推进杭衢文化山海协作升级，深化"南孔文化"和"南宋文化"合作发展，开展"南孔圣地·衢州有礼"城市品牌系列文化研究和宣传推广，创作一批反映儒学文化、体现较高水准、具有全国影响的文艺作品，重点创作一首城市形象歌曲，打造一台精品大秀，推出一套城市名片丛书，制作一部专题纪录片，拍摄一部影视剧，开发一组特色文旅产品。

3. 整合推广力量。实施政府主导、企业联手、媒体跟进、社会参与、跨域协作的营销策略，构建全媒体时代立体营销系统。建设城市品牌形象推广中心，制定实施《"南孔圣地·衢州有礼"城市品牌形象建设三年行动计划》。各县（市、区）应共同开展推广营销，全面塑造"南孔圣地·衢州有礼"城市品牌形象。

4. 创新营销手段。构建媒体宣传、市场推介、网络营销、节事活动等立体化营销格局。借助高端媒体进行品牌推广；集中全市媒体资源持续开展城市品牌主题宣传，开设"衢州有礼"频道和微信公众号，借助各类新媒体开展目的地整合营销；加强与在线旅游企业和第三方服务平台合作；加大国际传播交流，积极参与国家、省级"一带一路"等重点对外文化交流活动，参加各类境内外专业展会和推广活动，选择重点城市和地区以及重点国家，举办城市品牌主题文化、旅游、经贸等推介活动；在市内各高铁站、高速出入口、飞机场等城市主要交通节点，强化城市品牌宣传和产品营销。

六、工作保障

（一）强化组织领导。建立健全"一把手"负总责、分管领导具体抓、一级抓一级、层层抓落实的文明城市创建领导体制以及市级领导包点抓片分工创建责任制，落实文明委成员单位、创建联席会议成员单位责任制。组建由市四套班子有关领导组成的城市品牌打造工作专班，统筹协调城市品牌打造攻坚任务。市级机关各部门要建立相应工作机制，进行密切配合。各县（市、区）要落实"衢州有礼"VI系统，推广衢州总体城市品牌形象。

（二）强化项目推进。坚持"工作项目化、项目清单化、清单责任化"，实行整体推进与重点突破相结合，注重系统设计和辩证思维，以重点突破带动整体推进，在整体推进中实现重点突破，尤其要把握时序和节奏，选择重点领域，抓住重点区块，推出重点活动，实现相互促进、良性互动、协同配合。

（三）强化督查考核。将创建全国文明城市和打造城市品牌纳入大督考工作体系。建立周查、月督、季测评、年考核的常态化督考机制，组建市创建全国文明城市督导检查组，负责协调每月对各战线和各地区的日常测评。建立全国文明城市创建日常测评、专项督办、社情民意反映和快速办理、反馈、督查等机制，促进重点难点问题解决。通过领导点评、专项督办、媒体监督等形式，促进重点难点问题的解决。探索道德建设、日常管理和法治建设三者合一的文明城市长效管理机制。

（四）强化宣传发动。注重媒体宣传和社会宣传相。结合、典型宣传和公益广告宣传相结合、对内宣传和对外宣传相结合，大力宣传创建全国文明城市和城市品牌，形成广泛共识，凝聚整体合力。坚持从群众中来、到群众中去，充分发挥群众的主人和主体作用，设计群众便于乐于参与的载体、抓手、项目和活动，让人人都成为参与者、创建者，形成全市域齐动、全行业联动、全民化发动的浓厚氛围和良好局面。

二、打响"南孔圣地·衢州有礼"城市品牌攻坚任务书

一、工作目标

深入贯彻落实习近平总书记"让南孔文化重重落地"重要指示精神和省委关于地市全国文明城市创建"满堂红"工作要求，立足从更高的层次、更宽的视野、更新的角度来加强对儒学文化的研究，积极探索儒学文化的现代意义，推动优秀南孔文化创造性转化、创新性发展，着眼提高城市治理现代化水平，全力创建全国文明城市，打响"南孔圣地·衢州有礼"城市品牌，打造"一座最有礼的城市"，让"有礼"成为衢州的个性标识，成为建设希望之城、奋斗之城、温暖之城的重要支撑，彰显衢州城市魅力，加快提升城市软实力和竞争力，为建设"活力新衢州、美丽大花园"提供重要支撑和强大动力。

具体目标：到 2020 年，成功创成崇德向善、文化厚重、和谐宜居的全国文明城市；"南孔圣地·衢州有礼"城市品牌在全市上下形成高度共识，在市内外产生重要影响，城市品牌形象全面形成，影响力价值位居全国城市品牌中上游水平；南孔文化和南孔古城加快复兴，"让南孔文化重重落地"。

二、工作要点

（一）实施"礼仪之城"建设行动

1. 向全球征集"南孔圣地·衢州有礼"城市品牌

LOGO 形象和城市吉祥物形象，策划系列发布推广活动。制作向全球征集"南孔圣地·衢州有礼"城市品牌 LOGO 形象和城市吉祥物形象的公告，通过市内各类媒体和专业网站进行发布，开展城市品牌 LOGO 形象和城市吉祥物形象征集评定，进行统一推广使用，策划制作城市品牌形象系列宣传品，到重点城市举办系列发布推广活动。

责任单位：市委宣传部、市旅委

完成时限：2018 年 4 月启动，9 月底前完成

2. 召开全国文明城市创建誓师大会暨"南孔圣地·衢州有礼"城市品牌打造动员会。组织开展打响"南孔圣地·衢州有礼"城市品牌专题调研，对接德安杰环球顾问集团，制订《"南孔圣地·衢州有礼"城市品牌打造方案》及其思维导图、责任清单，筹备召开动员会议，全面部署打响城市品牌工作。

责任单位：市委办、市委宣传部、市文明办

完成时限：2018 年 5 月

3. 筹建南孔文化研究院。整合孔氏南宗文化研究中心和衢州儒学馆资源和功能，依托衢州儒学馆，加强与国内国际权威机构、科研院所、高等院校合作，成立南孔文化研究院，形成国内外儒学研究和合作交流平台，打造国际儒学文化研究交流中心。

责任单位：市委宣传部、市委组织部、市编办、市文广局、衢州孔管会

完成时限：2018 年 5 月至 2020 年底

4. 设立南孔文化讲堂，策划推出打响城市品牌系列讲座。围绕打响"南孔圣地·衢州有礼"城市品牌，加快南孔古城复兴，突出城市建设、文化产业发展、城市经济发展、文化旅游、南孔文化、区域品牌运营等不同主题，排出计划，邀请国内知名专家学者、高端智库专家来衢举办讲座。

责任单位：市委宣传部、市直机关工委、市社科联

完成时限：2018 年 5 月至 2020 年底

5. 建设"衢州有礼·城市书屋"。大力推动全民阅读，完善公共图书馆集群化网络服务体系，建设一批"衢州有礼"特色城市书屋，打通公共图书馆开展阅读服务最后一公里，逐步实现阅读均等化、标准化、数字化、社会化，打造城市品牌文化地标。

责任单位：市文广局

完成时限：2018 年 5 月至 2020 年底

6. 策划举办国际儒学论坛。加强与山东省文化旅游部门和曲阜市合作，建立儒学文化研究、城市品牌营销等合作机制。与国家汉办、孔子学院总部、重点高校和媒体等合作，突出"衢州有礼"主题，高水平举办国际儒学论坛，提升南孔文化影响力。

责任单位：市委宣传部、市文广局、市旅委、市社科联、衢州孔管会

完成时限：2018 年 5 月至 2020 年

7. 制订实施《南孔文化复兴工程实施计划》。深化南孔文化研究，进一步丰富新时代南孔文化的内涵，融入南孔古城建设，制订实施《南孔文化复兴工程实施计划》，推动南孔文化加快复兴。

责任单位：市府办、市委宣传部、市文联、市社科联、市发改委、市住建局、市规划局、市文广局、市旅委、市财政局、市协作办、衢州孔管会，柯城区

完成时限：2018 年 11 月至 2020 年底

8.创建礼仪之城规范标准体系，探索创新基层治理"儒学治理"模式。以规范全体社会成员的"言、谈、举、止、衣、食、住、行"为内容，以礼仪进校园、进机关、进窗口、进企业、进医院、进社区、进乡村、进网络为突破口，实施文明礼仪标准规范、文明礼仪宣传传播、文明礼仪示范创建、文明礼仪设施提升、节庆礼仪规范、文明礼仪志愿服务、文明礼仪城乡共建等礼仪之城建设行动，在各行各业和全社会建立文明、规范的礼仪秩序。

责任单位：市委宣传部、市文明办，市级有关单位，各县（市、区）

完成时限：2018 年 7 月至 2020 年底

（二）实施"全域好礼"培育行动

1.加快南孔古城复兴。抓好古城保护开发建设，在规划建设、改造修复、业态完善过程中，注入衢州特有的文化基因、文化符号，留住城市的根与魂。

责任单位：市府办、市委宣传部、市文广局、市旅委、市规划局、市住建局

完成时限：2018 年 1 月至 2020 年底

2.举办"衢州有礼"文博会。每年举办"衢州有礼"文博会，开展礼品包装设计大赛，评选"衢州好礼"，搭建"衢州有礼"产品展示交易平台。

责任单位：市委宣传部、市文广局、衢州日报报业传媒集团，各县（市、区）

完成时限：2018 年 10 月至 2020 年底

3.加强"南孔圣地·衢州有礼"品牌建设，制订实施《"南孔圣地·衢州有礼"品牌建设实施方案》。加大"南孔圣地·衢州有礼"商标注册、培育、保护、监管力度，提升拓展"南孔圣地·衢州有礼"区域公用品牌，以品牌引领的"1 ＋ N"全产业链一体化服务体系为载体，以平台服务集聚效应为推动力，探索衢州特色产业生态化、标准化、品牌化、金融化、电商化发展模式，不断提升"南孔圣地·衢州有礼"品牌的知名度和推广使用率。

责任单位：市府办、市旅委、市商务局、市科技局、市市场监管局、各县（市、区）

完成时限：2018 年 7 月至 2020 年底

4.建设"衢州有礼"全域旅游信息平台。年底前完成重在应用的全域旅游

信息平台建设，践行"以人为本"理念，做到"一切为了游客，为了游客的一切"，为游客提供智能化、全方位的旅游服务，充分体现"衢州有礼"的核心价值。

责任单位：市旅委

完成时限：2018 年 12 月底前

（三）实施"全民有礼"提升行动

1. 推广"衢州有礼"标准规范。组织开展"衢州有礼"大家谈活动，制定出台《"衢州有礼"市民公约》《"衢州有礼"手册》，向全社会普及"衢州有礼"，组织各级各行各业开展"衢州有礼"行动，营造尊礼学礼守礼用礼的氛围。

责任单位：市委宣传部、市文明办、市农办、市总工会、市教育局、市妇联、团市委

完成时限：2018 年 10 月底前

2. 在日常工作生活中推广作揖礼。制作《"衢州有礼"作揖礼标准》及其图示、视频，做到广为宣传，推广使用统一的"衢州有礼"标识名片，并将"有礼"纳入领导干部考核测评体系，纳入机关党建工作目标考核内容。

责任单位：市委宣传部、市委组织部、市直机关工委、市文明办、市国资委、市总工会、衢州孔管会

完成时限：2018 年 7 月底前

3. 实施乡风文明提升行动。构建"衢州有礼"创建体系，开展"有礼乡镇、有礼农村、有礼家庭、有礼村民"等评选活动，推进实施千家文化礼堂引领工程，每年新建一批农村文化礼堂，大力培育农村文化礼堂"礼"文化，开展最美公婆、最美儿女、最美邻里等系列评选，选树一批"有礼典型"，推进移风易俗，提升乡风文明，加快乡村振兴。

责任单位：市委宣传部、市农办、市文明办

完成时限：2018 年 5 月至 2020 年底

（四）实施"礼行天下"传播行动

1. 举办"南孔圣地·衢州有礼"全国公益广告大赛。面向全国征集、评选一批优秀的公益广告，结合全国文明城市创建，在省市媒体投放，在城市围墙、工地、公共场所、车站码头等地设置；在全市各机关部门、事业单位、街道社区的 LED 屏，公交车、出租车 LED 屏上投放，在城市重要节点和商业街、主要干道等区块精心设置，形成特色公益广告群景观。

　　责任单位：市委宣传部、市文明办、绿色产业集聚区、西区，各县（市、区）

　　完成时限：2018年7月至2020年底

　　2. 开发"衢州有礼"微信公众号。以宣传"南孔圣地·衢州有礼"城市品牌为核心，开发"衢州有礼"微信公众号，包含与"南孔圣地·衢州有礼"相关的新闻资讯、城市概况、景区介绍、人文历史、专题活动、住宿美食等版块，开发点赞衢州、区县风采、旅途贴士等服务，融合衢州发布、通衢问政、微衢州矩阵等现有平台功能，打造一个微信端的多元信息服务类应用。

　　责任单位：市委宣传部、市网信办

　　完成时限：2018年8月底前推出

　　3. 开展"礼迎天下"全球免费游衢州系列活动。组织开展全市旅游"联合推荐，捆绑营销"，集中展示"衢州有礼"VI系统，推出系列文化旅游产品。

　　责任单位：市旅委、各县（市、区）

　　完成时限：2018年10月底前

　　4. 举办"一带一路"国际经贸活动。参加省级"一带一路"对外交流活动，推广"南孔圣地·衢州有礼"城市品牌。

　　责任单位：市贸促会

　　完成时限：2018年5月至2020年

　　5. 开展"南孔圣地·衢州有礼"城市品牌主题宣传。借助高端媒体进行城市品牌推广。集中市内各级各类媒体资源，持续开展城市品牌主题宣传。在各高铁站、主要高速出入口、飞机场出入口等强化城市品牌宣传和产品营销力度。

　　责任单位：市委宣传部、市文广局、衢州日报报业传媒集团、衢州广电传媒集团、市交通运输局、市民航局、铁路衢州站

　　完成时限：2018年5月至2020年

三、衢州市精神文明建设委员会关于印发《衢州市"有礼指数"（CI）测评体系（2020 年）（试行）》的通知

各县（市、区）精神文明建设委员会，市级机关各单位：

经市委同意，现将《衢州市"有礼指数"（CI）测评体系（2020 年）（试行）》印发给你们，请认真对照测评项目、内容和标准，抓好工作落实，不断提升有礼建设的科学化、规范化、制度化水平。

衢州市"有礼指数"（CI）测评体系，是深入贯彻落实习近平总书记"让南孔文化重重落地"重要指示精神，尤其是在浙江考察时的重要讲话精神的具体行动，是大力弘扬南孔文化、传承历史文脉、加强基层治理和优化营商环境的战略举措，其主要目的就是让"有礼建设"成为一项常态长效的工作，通过"有礼"来提升衢州人民的思想认同、情感认同，让"有礼"引领精神文明建设，成为衢州的个性标识，成为彰显衢州城市魅力、提升区域软实力和竞争力的重要载体，为推动衢州大发展快发展高质量发展凝聚起磅礴的精神文化力量。

《衢州市"有礼指数"（CI）测评体系》（2020 年）（试行）分区块和部门两个版本，由"1＋7"8 大版块构成，"1"是思想基础，主要为市委贯彻习近平总书记对衢州的"八个嘱托"，尤其是"让南孔文化重重落地"这一重要指示精神的系列理念观点、决策部署的学习宣传贯彻，"7"主要为有礼品牌、有礼教育、有礼之星、有礼秩序、有礼环境、有礼治理、有礼机制。其中，区块版由 25 项测评内容、80 条测评标准组成，部门版由 24 项测评内容，46 条测评标准组成。测评体系另设负面清单，其中区块版 10 条，部门版 8 条。对出现负面清单情形的地方和部门，视情节严重程度采取相应惩戒办法。

衢州市"有礼指数"每季度测评一次，由市文明委牵头，对市级部门和八个区块进行测评。实地测评以暗访为主，不打招呼、不搞陪同、不要接待、反对突击迎检、不干扰基层工作、不增加基层负担。实地考察和问卷调查由国家统计局衢州调查队负责实施，确保结果公平公正。

"有礼指数"主要用于评价各地各部门的文明有礼总体状况，综合体现各地各部门对"衢州有礼"的思想认知、日常融入、环境营造等情况。测评成绩公开发布，对有礼建设推进有力的区块部门予以正向激励，对测评成绩靠后的区块部门给予反向曝光。通过季度通报、年度综合的科学评价体系，形成全市上下比学赶超的浓厚氛围。各地各单位在试行中发现的问题和建议意见，请及时反馈市委宣传部。

附件
1. 衢州市"有礼指数"（CI）测评体系（2020 年区块版）（试行）
2. 衢州市"有礼指数"（CI）测评体系（2020 年部门版）（试行）

衢州市精神文明建设委员会

2020 年 6 月 10 日

附件1

衢州市"有礼指数"（CI）测评体系（2020年区块版）

测评项目	测评内容	测评标准	测评方法
I-1 思想基础	II-1 学习教育	① 把学习习近平新时代中国特色社会主义思想作为党委和政府首要政治任务，特别是把习近平总书记在浙江考察时的重要讲话精神，以及对衢州的"八个嘱托"，作为党委（党组）理论学习中心组重点内容	网上申报
		② 把市委贯彻习近平总书记关于"让南孔文化重重落地"，全力打造四省边际文化文明高地的重要指示精神的系列主要观点、重大决策纳入各级各单位学习内容，推进学习教育常态化制度化	网上申报
		③ 把市委关于衢州有礼系列内容纳入党员干部、学校师生教育培训计划	网上申报
	II-2 宣传阐释	① 新闻媒体运用理论文章、专题专栏、评论言论、通讯专访等形式，全方位多层次宣传阐释市委贯彻习近平总书记关于"让南孔文化重重落地"重要指示精神的系列创新观点、创新决策、重大部署，用好"两微一端"和移动多媒体等新技术新手段，做好网上宣传报道	网上申报
		② 组织领导干部、专家学者到基层一线宣讲，推动市委贯彻习近平总书记关规范"让南孔文化重重落地"重要指示精神的系列内容进企业、进农村、进机关、进校园、进社区、进网站	网上申报
I-2 有礼品牌	II-3 城市品牌 宣传	① 通过报纸、广播、电视、移动客户端、网站、大屏等媒体开展城市品牌宣传，在各类活动报道中应通过照片、视频画面突出城市品牌标识	网上申报
		② 通过创作文艺作品，开展文艺活动，宣传城市品牌、弘扬有礼文化、倡导有礼行为	网上申报
		③ 开展各种形式宣传，提升市民对城市品牌的知晓率	问卷调查
	II-4 城市品牌 融入	① 在所有机关事业单位、国有企业的会议室背景、会议桌牌、信封、笔记本、指示牌、公务用车等办公系统、办公用品、办公环境按市县"1+6"体系规范融入展示城市品牌	网上申报、实地考察
		② 在所有社区的办公场所、文化活动中心、便民服务中心、党员活动室、宣传栏等区域按市县"1+6"体系规范融入展示城市品牌	网上申报、实地考察
		③ 在所有乡镇的集镇、村口、文化礼堂、便民服务中心、会议室、宣传栏等区域按市县"1+6"体系融入展示城市品牌	网上申报、实地考察
		④ 在企业的展厅、会客厅、会议室、党员活动室、宣传栏、产品包装等区域按市县"1+6"体系融入展示城市品牌	网上申报、实地考察
		⑤ 在所有重要公共空间，如旅游景区、交通主干道、高速出入口、火车站、汽车站、公园广场、商场、校园等空间的醒目位置按市县"1+6"体系要求与环境协调、美观地融入展示城市品牌，打造城市品牌主题景观小品	网上申报、实地考察

续表

测评项目	测评内容	测评标准	测评方法
I-2 有礼品牌	II-5 城市品牌 推广	① 按照城市品牌市县"1+6"体系开展城市品牌宣传推介活动	网上申报
		② 在衢州市内主办、承办的各类会议、赛事、展会、文艺等活动中的会议资料、活动内容、场地布置等规范融入城市品牌元素	网上申报、实地考察
		③ 参加或主办的对外经贸、文化等交流推介活动，主动宣传推广城市品牌，做好城市品牌代言人的运用	网上申报、实地考察
		④ 从标准化、品牌化等方向推进"南孔圣地、衢州有礼"品牌与文化创意、农特产品、休闲旅游等产业的深度融合	网上申报、实地考察
I-3 有礼教育	II-6 教育培训	① 各机关企事业单位结合自身实际情况，组织开展多种形式的"有礼"主题宣传教育培训活动	网上申报
		② 打造教育培训基地，开展南孔文化教育培训，宣传有礼故事，编撰有礼教材，开展有礼教育	网上申报
		③ 结合"有礼"内容，开展市民公约、村规民约、学生守则、行业规范等规范守则的教育宣传活动，对建筑工地工人、门卫保安、快递外卖人员等流动群体，开展针对性的有礼宣传教育	网上申报
	II-7 文明实践	① 依托新时代文明实践中心（所、站、点）、公共文化设施、宣传文化阵地开展各类小锦鲤志愿服务	网上申报、实地考察
		② 弘扬文明风尚，争做有礼新人，全面开展文明有礼宣传教育进校园、进窗口、进企业、进医院、进社区、进家庭等活动	网上申报、实地考察
		③ 结合春节、元宵、清明、端午、七夕、中秋、重阳等传统节日，开展有礼宣传活动	网上申报
		④ 运用升国旗仪式、成人仪式、入党入团入队仪式开展有礼宣传教育	网上申报
		⑤ 注册志愿者人数占本地常住人口比例＞13%，有志愿服务时间记录的志愿者人数占注册志愿者总人数的比例≥50%	网上申报
		⑥ 市民对志愿服务活动认同和支持率≥90%	问卷调查
I-4 有礼之星	II-8 评选推荐	根据《关于开展"有礼之星"选树活动的通知》（衢市宣〔2019〕11号）精神，积极推荐评选有礼之星	网上申报
	II-9 关爱帮扶	大力宣传"有礼之星"事迹。积极将"有礼之星"向"最美衢州人""浙江骄傲""浙江青春领袖""浙江好人""感动中国""中国好人""全国道德模范"等各类评比活动机构推荐。适时组织开展"有礼之星"走访慰问、关爱帮扶等活动	网上申报
I-5 有礼秩序	II-10 交通有礼	① 广泛开展"礼让斑马线"行动。有交通信号灯的人行横道前机动车主动礼让遵守交通规则通行的行人，没有交通信号灯的人行横道前机动车主动礼让行人	实地考察
		② 车辆、行人各行其道，无违反交通信号通行、逆行、行人非机动车不按规定横过道路现象	实地考察
		③ 驾驶机动车不随意变道、穿插、加塞和超车，规范使用灯光和喇叭，驾驶或者乘坐机动车、非机动车时，不抛撒物品	实地考察

续表

测评项目	测评内容	测评标准	测评方法
I-5 有礼秩序	II-11 排队有礼	①广泛开展"排队守秩序"行动。公共场所文明排队、文明乘车，无插队、拥挤、争座等现象，电梯先出后进	实地考察
		②公交车站、电梯入口等设置"文明排队""先下后上""先出后进"等提示语	实地考察
		③窗口单位"1米线"设置规范或电子叫号系统使用情况良好	实地考察
	II-12 见面有礼 （行作揖礼）	①广泛推行见面行作揖礼。市、县两级四套班子领导以及部门主要负责人在市内外各类重大活动、重要场合中必须带头行作揖礼，同时在新闻报道中体现	网上申报、实地考察
		②机关事业单位、国有企业工作人员在工作、会议、接待等场合行作揖礼	网上申报、实地考察
		③举办或参加各类对外推介、交流、展会、赛事等活动和市、县（市区）、乡镇党代会、人代会、政协会等重大会议时，本市的领导干部和所有工作人员行作揖礼，带动参会人员行作揖礼	网上申报、实地考察
		④社会团体、企业、个人举办的民间文体、民俗展演等各类活动中倡导行作揖礼	网上申报、实地考察
		⑤窗口单位、小区物业、商场酒店、景区景点、志愿站点和各类视频媒体主持人、服务员、迎宾、礼仪等人员在工作时行作揖礼	网上申报、实地考察
		⑥各地要将行作揖礼写入校本教材，列入教学内容，应用于师生礼仪之中	网上申报、实地考察
	II-13 举止有礼	①遵守《衢州有礼市民公约》，公共场所文明有序，无随地吐痰、争吵谩骂、乱扔杂物、躺卧公共座椅、损坏公共设施、不文明养宠物、光膀子或穿睡衣拖鞋出门及其他不文明行为	实地考察
		②室内公共场所、工作场所和公共交通工具有明显禁烟标识，非吸烟区没有吸烟现象	实地考察
		③文明上网，自觉遵纪守法，倡导社会公德，提倡互相尊重，摒弃造谣诽谤，打造清朗网络空间	网上申报
	II-14 用餐有礼	①广泛开展"使用公筷公勺"行动。利用宣讲培训、公益广告、舆论引导、实践活动等形式在城乡广泛推广使用公筷公勺、光盘行动	网上申报、实地考察
		②餐饮单位对使用公筷公勺、光盘行动有宣传、有落实，能够自觉提供公筷公勺，并做好提醒和引导	实地考察
		③健全使用公筷公勺监督奖惩机制，设置红黑榜	网上申报
		④广泛开展"公筷公勺"进家庭行动，年度家庭抽样使用率达到80%	问卷调查
I-6 有礼环境	II-15 垃圾不落地（垃圾分类）	①推进"垃圾不落地"示范区建设	网上申报、实地考察
		②各类公共场所持续开展垃圾分类宣传，营造浓厚氛围	网上申报、实地考察
		③形成垃圾分类收集、运送、处理的工作闭环	实地考察

续表

测评项目	测评内容	测评标准	测评方法
I-6 有礼环境	II-16 没有牛皮癣	① 小区、建筑工地、车站等各类公共场所无乱张贴现象，无牛皮癣	实地考察
		② 建立"牛皮癣"治理常态机制，对张贴"牛皮癣"等不文明行为形成高压查处态势	网上申报
		③ 各级各类媒体营造浓厚的"牛皮癣"整治舆论氛围	网上申报、实地考察
	II-17 拆墙透绿	① 坚持"围墙改成绿篱""车辆适度管控""安防基于人脸识别"原则，有序推进"推倒院墙"工作	网上申报、实地考察
		② 着力推倒无形"院墙"，推进"最多跑一次"改革，持续优化营商环境	网上申报、实地考察
		③ 各级各类媒体大力营造"拆墙透绿"、开放包容的社会氛围	网上申报、实地考察
	II-18 文明养犬	① 市民按规定办理《养犬许可证》，按时带狗接种疫苗，定期接受养犬培训	网上申报
		② 市民出门遛狗时间在19时至次日7时，必须拴上牵引绳、系上犬牌，及时清理排泄物	实地考察、问卷调查
		③ 各级各类媒体营造文明养犬舆论氛围	网上申报、实地考察
	II-19 十乱整治	① 定期开展"乱扔乱倒、乱摆乱占、乱停乱放、乱拉乱晒、乱贴乱画"等十乱的检查，依规处罚，整治有成效	网上申报、实地考察
		② 将"十乱"整治纳入社区居民公约和村规民约	实地考察
		③ 各级各类媒体大力营造浓厚社会氛围，加强曝光"十乱"行为	网上申报
I-7 有礼治理	II-20 有礼新风	① 乡村实施"千村修约"工程，将使用公筷公勺、不随地吐痰、行作揖礼等《衢州有礼市民公约》相关内容纳入村规民约	网上申报
		② 推进《衢州市文明行为促进条例》的宣传贯彻落实	网上申报
		③ 推进农村移风易俗工作，建立村规民约、红白理事会、村民议事会、禁毒禁赌会、乡贤理事会等"一约四会"，培育有礼乡风、有礼家风、有礼民风	网上申报
		④ 推进婚丧礼俗改革，制定出台婚丧喜庆事宜操办细则，打造示范标杆	网上申报、实地考察
		⑤ 宣传普及《衢州有礼市民公约》《衢州市文明行为促进条例》《衢州市婚丧喜庆事宜操办标准》等，普及文明礼仪规范，移风易俗，倡导文明有礼新风	网上申报、实地考察
	II-21 失礼惩戒	① 定期通过报纸、电视、广播、网络、大屏等媒体平台对各类失礼行为开展实名制曝光打脸，并抄告其所在单位或村社，情节严重的纳入个人诚信积分	网上申报、问卷调查
		② 围绕市民文明举止持续开展巡查监管，针对各类失礼行为开展惩戒教育，建立信用修复机制，鼓励引导失礼人员积极参与志愿服务活动，强化文明意识	网上申报
		③ 参照《关于进一步明确在全国文明城市创建中有关问责追责情形的通知》，建立问责追责机制	网上申报

续表

测评项目	测评内容	测评标准	测评方法
I–8 有礼机制	II–22 组织领导	①把打造"一座最有礼的城市"纳入各县（市、区）经济社会发展总体规划，作为党政领导班子和领导干部政绩考核重要内容	网上申报
		②建立健全工作制度，落实各项保障措施	网上申报
	II–23 群众参与	①组织开展丰富多彩的群众性主题实践活动，提高群众参与率	问卷调查
		②健全群众监督机制和群众评价机制	网上申报
	II–24 有礼创建（文明创建）	①在各行业系统开展具有行业特色、职业特点的有礼（文明）行业创建活动	网上申报、实地考察
		②在机关、企事业单位、非公有制经济组织、社会组织等开展有礼（文明）单位创建活动	网上申报、实地考察
		③在学校广泛开展有礼（文明）校园创建活动	网上申报、实地考察
		④开展有礼（文明）示范县（市、区）、有礼（文明）家庭（户）有礼（文明）村（社区）、有礼（文明）镇（乡）创建	网上申报、实地考察
	II–25 工作保障	①公共财政有效保障有礼创建活动持续深入开展	网上申报
		②加强基层创建工作力量配备	网上申报

负面清单

序号	项　目	惩戒办法
1	党委政府打造"一座最有礼的城市"责任意识不强，年度"有礼指数"测评成绩低于75分	第一年黄牌警告，连续两年按相关规定进行追责
2	县（市、区）政府被列为失信被执行人	年度测评成绩定为不合格
3	发生社会影响恶劣的"失德""失礼"事件	年度测评成绩定为不合格
4	搞"运动式""应付式""造假式"创建，干扰群众正常生产生活	当年测评成绩扣5分
5	在测评暗访中，存在隐瞒事实、弄虚作假问题	当年测评成绩扣5分
6	在擂台赛、排名赛及季度考核中，累计三次黄榜	当年测评成绩扣5分
7	礼让斑马线抽样礼让率低于85%	当年测评成绩扣3分
8	文明村（镇）覆盖率低于85%	当年测评成绩扣3分
9	年度家庭"公筷公勺"抽样使用率低于80%	当年测评成绩扣3分
10	市民对"有礼"创建工作知晓率低于75%	当年测评成绩扣3分

附件 2

衢州市"有礼指数"（CI）测评体系（2020 年部门版）

测评项目	测评内容	测评标准
I-1 思想基础	II-1 学习教育	① 把学习习近平新时代中国特色社会主义思想作为党委和政府首要政治任务，特别是把习近平总书记在浙江考察时的重要讲话精神，以及对衢州的"八个嘱托"，作为党委（党组）理论学习中心组重点内容
		② 把市委贯彻习近平总书记关于"让南孔文化重重落地"，全力打造四省边际文化文明高地的重要指示精神的系列主要观点、重大决策纳入各单位学习内容，推进学习教育常态化、制度化
I-2 有礼品牌	II-2 城市品牌宣传	结合部门职能工作，通过新闻媒体、文艺活动、文艺创作等多种形式开展各类城市品牌宣传活动，在各类活动报道中应通过照片、视频画面突出城市品牌标识、行作揖礼内容，提升市民对城市品牌的知晓率
	II-3 城市品牌融入	在部门管理的行业、场所、旅游景点、公共空间等融入城市品牌元素，在会议室背景、会议桌牌、信封、笔记本、指示牌、公务用车等办公系统、办公用品、办公环境规范、醒目、美观地融入展示城市品牌
	II-4 城市品牌推广	在主办、承办的各类会议、赛事、展会、文艺等活动中的会议资料、活动内容、场地布置等规范融入城市品牌元素，结合对外经贸交流、推介等活动对外宣传推广城市品牌
I-3 有礼教育	II-5 开展教育培训	① 结合自身实际情况，对本单位本系统干部职工组织开展多种形式的"有礼"主题宣传教育培训活动
		② 根据部门职能对相关人群开展有礼教育培训
	II-6 文明实践	① 将《衢州有礼市民公约》纳入机关部门行业规范和干部日常行为准则
		② 组建本单位小锦鲤志愿服务队伍，常态化开展各类志愿服务活动
		③ 结合春节、元宵、清明、端午、七夕、中秋、重阳等传统节日，开展有礼宣传活动
I-4 有礼之星	II-7 评选推荐	根据《关于开展"有礼之星"选树活动的通知》（衢市宣〔2019〕11 号）精神，积极推荐评选有礼之星
	II-8 关爱帮扶	大力宣传"有礼之星"事迹。积极将"有礼之星"向"最美衢州人""浙江骄傲""浙江青春领袖""浙江好人""感动中国""中国好人""全国道德模范"等各类评比活动机构推荐。适时组织开展"有礼之星"走访慰问、关爱帮扶等活动
I-5 有礼秩序	II-9 交通有礼	① 在本单位本系统广泛开展"礼让斑马线"行动
		② 开展文明出行宣传教育，组织开展相关实践活动
	II-10 排队有礼	① 广泛开展"排队守秩序"行动。公共场所文明排队、文明乘车，无插队、拥挤、争座等现象，电梯先出后进

续表

测评项目	测评内容	测评标准
I-5 有礼秩序	II-10 排队有礼	② 在电梯入口等设置"文明排队""先下后上""先出后进"等提示语
		③ 窗口单位"1米线"设置规范或电子叫号系统使用情况良好
	II-11 见面有礼 （行作揖礼）	① 部门主要负责人在市内外各类重大活动、重点场合中带头行作揖礼，同时在新闻报道中体现
		② 机关事业单位、国有企业工作人员在工作、会议、接待等场合行作揖礼
		③ 举办或参加各类对外推介、交流、展会、赛事等活动和各级党代会、人代会、政协会等重大会议时，本市的领导干部和所有工作人员行作揖礼，带动参会人员行作揖礼
		④ 在部门管理的社会团体、企业、个人举办的民间文体、民俗等各类活动中，倡导行作揖礼；管理的行业、系统，如窗口单位、小区物业、商场酒店、景区景点、志愿站点和各类视频媒体主持人、服务员、迎宾、礼仪等人员在工作时要行作揖礼
	II-12 举止有礼	① 教育引导本单位本系统人员遵守《衢州有礼市民公约》，公共场所文明有序，无随地吐痰、争吵谩骂、乱扔杂物、躺卧公共座椅、损坏公共设施、不文明养宠物、光膀子或穿睡衣拖鞋出门及其他不文明行为
		② 单位内公共场所、工作场所有明显禁烟标识，非吸烟区没有吸烟现象
		③ 文明上网，自觉遵纪守法，倡导社会公德，提倡互相尊重，摒弃造谣诽谤，打造清朗网络空间
	II-13 用餐有礼	① 广泛开展"使用公筷公勺"行动。单位食堂对使用公筷公勺、光盘行动有宣传、有落实，能够自觉提供公筷公勺，并做好提醒和引导
		② 组织开展"使用公筷公勺"文明实践活动
		③ 广泛开展"公筷公勺"进家庭行动，单位系统员工家庭公筷抽样使用率达到90%
I-6 有礼环境	II-14 垃圾不落地 （垃圾分类）	① 本单位本系统争创"垃圾不落地"示范区，开展垃圾分类宣传，营造浓厚的氛围
		② 将垃圾分类纳入单位日常管理制度，落实"门前五包"制度
	II-15 没有牛皮癣	单位办公场所及所辖范围内无乱张贴现象，无牛皮癣
	II-16 拆墙透绿	① 坚持"围墙改成绿篱""车辆适度管控""安防基于人脸识别"原则，有序推进本部门及其下属事业单位"拆墙透绿"工作
		② 着力推倒无形"院墙"，推进"最多跑一次"改革，持续优化营商环境
	II-17 文明养犬	① 单位有养犬干部职工主动按规定办理《养犬许可证》，按时带狗接种疫苗，定期接受养犬培训

续表

测评项目	测评内容	测评标准
I-6 有礼环境	II-17 文明养犬	② 不携带犬只进入公共场所及公共交通工具（小型出租车征得司机同意的除外）
		③ 出门遛狗时间在 19 时至次日 7 时，必须拴上牵引绳、系上犬牌，及时清理户外狗排泄物
	II-18 十乱整治	单位干部职工无"乱扔乱倒、乱摆乱占、乱停乱放、乱拉乱晒、乱贴乱画"等十乱行为
I-7 有礼治理	II-19 有礼新风	① 注重家庭、注重家教、注重家风，开展传承好家风好家训活动，推进单位党员干部有礼家庭建设
		② 学习贯彻《衢州市婚丧喜庆事宜操办细则》，引导干部职工带头移风易俗，推进婚丧礼俗改革
		③ 推进《衢州市文明行为促进条例》的宣传贯彻落实
	II-20 失礼惩戒	参照《关于进一步明确在全国文明城市创建中有关问责追责情形的通知》，建立健全问责追责机制
I-8 有礼机制	II-21 组织领导	① 把打造"一座最有礼的城市"纳入工作计划，作为干部职工考核重要内容
		② 明确分管领导，建立健全工作制度，落实各项保障措施
I-8 有礼机制	II-22 广泛参与	① 组织开展丰富多彩的主题实践活动，确保员工参与率100%
	II-23 有礼创建 （文明创建）	① 开展具有行业特色、职业特点的有礼（文明）行业、有礼（文明）科室、有礼（文明）员工创建活动
		② 积极开展有礼（文明）单位创建活动
	II-24 工作保障	明确专门的科室负责有礼创建活动，确保有礼工作持续深入开展

负面清单

序号	项目	惩戒办法
1	党委（党组）打造"一座最有礼的城市"责任意识不强，年度"有礼指数"测评成绩低于 75 分	第一年黄牌警告，连续两年按相关规定进行追责
2	单位部门被列为失信被执行人	年度测评成绩定为不合格
3	发生社会影响恶劣的"失德""失礼"事件	年度测评成绩定为不合格
4	"创文"工作落实不力，在省测、国测中被扣分	年度测评成绩定为不合格
5	搞"运动式""应付式""造假式"创建，干扰正常生产生活	当年测评成绩扣 5 分
6	在测评暗访中，存在隐瞒事实、弄虚作假问题	当年测评成绩扣 5 分
7	单位因干部职工不礼让斑马线、随地吐痰、乱扔烟头等不文明行为被黑榜通报 3 次以上	当年测评成绩扣 5 分
8	干部职工对"有礼"创建工作知晓率未达到 100%	当年测评成绩扣 5 分

四、衢州市文明行为促进条例

（2020 年 4 月 21 日衢州市第七届人民代表大会常务委员会第二十五次会议通过，2020 年 5 月 15 日浙江省第十三届人民代表大会常务委员会第二十一次会议批准）

目　录

第一章　总　则

第一条　为了促进文明行为，培育和践行社会主义核心价值观，提升公民文明素质和社会文明水平，根据有关法律、法规，结合本市实际，制定本条例。

第二条　本市行政区域内的文明行为促进工作，适用本条例。

第三条　文明行为促进工作应当坚持党委领导、政府实施、社会共建、全民参与、奖惩结合的原则。

第四条　市、县（市、区）精神文明建设委员会统筹推进本行政区域内的文明行为促进工作。

市、县（市、区）精神文明建设委员会办事机构，具体负责本行政区域内文明行为促进工作的指导协调和督促检查。

第五条　市、县（市、区）人民政府应当将文明行为促进工作纳入国民经济和社会发展规划以及年度计划，明确工作目标、任务和要求，制定相关措施。

市、县（市、区）人民政府相关主管部门，乡（镇）人民政府、街道办事处应当按照各自职责，加强协作配合，做好文明行为促进工作。

村（居）民委员会应当协助做好文明行为促进工作。

第六条　国家机关、企事业单位、社会团体、其他组织和公民应当积极支持、参与文明行为促进工作。

公职人员、人大代表、政协委员、道德模范、先进人物等应当在文明行为促进中发挥表率作用。

第七条　为推进全市文明行为促进工作，确定每年 9 月 28 日所在周为衢州有礼周。

市、县（市、区）人民政府及其有关部门应当在衢州有礼周，组织开展集中宣传、主题论坛、志愿服务等活动，并可以组织开展具有地方、行业特色的文明行为促进活动。

第二章　基本行为规范

第八条　单位和个人应当遵守法律法规、公序良俗、文明公约以及其他文明行为规范，弘扬社会公德、职业道德、家庭美德，提升个人品德，践行社会主义核心价值观。

第九条　在公共场所应当遵守下列文明行为规范：

（一）衣着得体、用语礼貌，不赤膊、不大声喧哗、不争吵谩骂；

（二）维护公共秩序，购买商品、等候服务等自觉依次排队，不插队；

（三）室外开展广场舞、文艺表演、体育锻炼、商业展销等活动时，合理选择时间、场地，控制音量，不干扰他人正常生活、工作和学习；

（四）咳嗽、打喷嚏时用纸巾、手帕或者袖肘等遮住口鼻，呼吸道传染病疫情期间按规定佩戴口罩；

（五）保持环境整洁卫生，不随地吐痰、便溺，不乱扔果皮、纸屑、烟蒂等废弃物，不乱倒垃圾、污水；

（六）不在室内公共场所、公共交通工具和其他禁止吸烟的公共场所吸烟；

（七）不在树木、地面、电杆、公共卫生间、建筑物、构筑物或者其他设施上随意刻画、涂写、张贴；

（八）爱护绿化，不破坏草坪、树木、绿篱等绿化和绿化设施；

（九）不违反规定燃放烟花爆竹；

（十）文明如厕、保持清洁，爱护公共厕所设施。

前款第四项规定的佩戴口罩具体规定，由市卫生健康主管部门制定并公布。

第十条　在道路交通活动中应当遵守下列文明行为规范：

（一）驾驶机动车、非机动车按照交通信号指示行驶，服从交通警察指挥，听从志愿者引导，主动让行执行紧急任务的警车、消防车、救护车、工程救险车，在规定的地点停放车辆，不占用消防通道、应急车道，不以手持方式使用手机；

（二）驾驶机动车不随意变道、穿插、加塞和超车，规范使用灯光和喇叭，行经人行横道或者积水路段减速缓行，遇行人正在通过人行横道时停车让行；

（三）公交车辆和出租车上下客规范有序停靠，不妨碍其他车辆通行；

（四）乘坐公共交通工具时，有序上下车，主动为老、弱、病、残、孕和怀抱婴幼儿的乘客让座，不影响驾驶员安全驾驶；

（五）驾驶或者乘坐机动车、非机动车时，不抛撒物品；

（六）行人按照交通信号指示通行，不随意横过道路，不跨越、倚坐道路隔离设施；

（七）行人通过路口、横过道路或者遇机动车让行时在确保安全的情况下快速通过，不得有看手机、嬉戏等影响车辆、行人通行的行为。

第十一条　在社区生活中应当遵守下列文明行为规范：

（一）邻里之间团结友爱，和睦共处，互相理解，不干扰他人正常生活，依法、有序、文明处理矛盾纠纷；

（二）爱护公共设施设备，不向建筑物外抛撒物品，不私接管线，不乱放杂物，不乱停车辆，不乱搭乱建，不占用消防通道，不占用消防登高场地，不侵占公用空间，不在公共绿地种植瓜果、蔬菜；

（三）不违反用电安全私拉电线和插座给电动车充电；

（四）控制房屋装修噪声、粉尘，每日十八时至次日八时，不在已竣工交付使用的居民住宅楼、商住综合楼内，进行产生环境噪声污染的装修活动；

（五）在阳台、窗台、屋顶、平台、走廊等空间进行浇灌、清理活动，不妨碍他人正常生活；

（六）按规定分类投放生活垃圾；

（七）不违反规定饲养家禽家畜。

第十二条　在乡村生活中应当遵守下列文明行为规范：

（一）移风易俗，树立文明乡风，文明节庆、婚嫁、殡葬、祭扫，不铺张浪费、不赌博、不搞封建迷信活动；

（二）爱护公共设施、风貌景观；

（三）保持村容村貌整洁，不乱搭乱建；

（四）保护生态环境，保持河道、池塘、水库等水体干净整洁，不违反规定洗涤、游泳、垂钓、养殖和捕捞。

第十三条　在家庭生活中应当遵守下列文明行为规范：

（一）弘扬孝德文化，尊敬长辈，关心照料和看望问候老年人；

（二）夫妻和睦，互敬互爱，勤俭持家，培育和传承良好家风；

（三）兄弟姐妹友善关爱，平等相待，相互扶助；

（四）关心爱护未成年人健康成长，培养文明行为习惯。

第十四条　饲养宠物应当遵守市容环境卫生管理等有关规定，采取必要的安全、卫生措施，及时清理宠物排泄物，避免对他人正常生活和身体健康造成影响。

携带犬只外出应当束犬链（绳）、佩戴犬牌，由具有完全民事行为能力人牵领并主动避让他人。不携带犬只进入设置有犬只禁入标识的公共场所或者乘坐公共交通工具，不在公共场所拴养、圈养犬只。

第十五条　旅游活动应当遵守景区管理制度，尊重当地风俗习惯、文化传统和宗教信仰，爱护文物古迹、风景名胜等旅游资源，不乱刻乱画。

在英雄烈士纪念园（馆）、爱国主义教育基地等场所，应当遵守祭扫制度和礼仪规范，维护庄严肃穆的氛围。

第十六条　在餐饮服务机构就餐时，应当合理消费，适量点餐，防止食品浪费，不喧哗、不劝酒、不酗酒。

两人以上就餐应当使用公筷公勺或者分餐。

餐饮服务机构应当配备公筷公勺或者提供分餐服务。

第二款、第三款规定的公筷公勺和分餐配备使用规定，由市精神文明建设委员会办事机构制定并公布。

第十七条　革除滥食野生动物陋习，全面禁止食用下列野生动物：

（一）国家重点保护的陆生、水生野生动物和浙江省重点保护的陆生野生动物；

（二）国务院野生动物保护主管部门公布的有重要生态、科学、社会价值的陆生野生动物；

（三）浙江省一般保护的陆生野生动物；

（四）其他陆生野生动物。

前款规定的陆生野生动物，包括人工繁育、人工饲养的陆生野生动物。

列入国家畜禽遗传资源目录的动物，属于家禽家畜，适用畜牧法律、法规的规定。

列入人工繁育国家重点保护水生野生动物名录的动物，按照法律和国家相关规定管理。

第十八条　使用互联网租赁车辆应当爱护车辆，在规定地点有序停放。

互联网租赁车辆经营企业应当合理、有序投放车辆，采用设置电子停车围栏等技术手段规范停放秩序，加强车辆停放管理，及时清理随意停放影响通行或者市容市貌的车辆。

第十九条　在医疗服务场所应当保持安静，尊重医务人员，服从医疗机构管理，不扰乱正常的医疗秩序。

第二十条　使用互联网应当遵守网络行为规范，维护网络安全和网络秩序，尊重他人隐私和人格，不制作、发布、传播网络谣言。

第三章　倡导与鼓励

第二十一条　倡导在日常生活和公务活动中使用作揖礼。倡导中小学校在师生礼仪中使用作揖礼。

倡导大型商场、酒店、银行等行业在服务中使用作揖礼。

作揖礼具体规范，由市精神文明建设委员会办事机构制定并公布。

第二十二条　鼓励下列文明行为：

（一）见义勇为；

（二）扶老、救孤、助残、济困、赈灾、助学和关爱特殊群体等活动；

（三）紧急现场救护；

（四）志愿服务活动；

（五）无偿献血，捐献造血干细胞、遗体、人体器官（组织）；

（六）其他有益于社会文明和进步的行为。

第二十三条　鼓励和支持公民参加志愿服务活动，依法设立志愿服务组织。

鼓励有关单位为志愿服务组织和志愿者开展志愿服务工作提供便利和保障。

第二十四条　鼓励和支持国家机关、企事业单位和其他组织向社会免费开放厕所，在节假日向社会开放食堂、停车场。

第二十五条　鼓励和支持国家机关、企事业单位和其他组织利用本单位场所、设施设立文明有礼服务站点，为环卫工人、协管员等户外劳动者及其他需要帮助的人员提供休息、饮用水、食物加热等便利服务。

第二十六条　鼓励和支持国家机关、企事业单位和其他组织制定文明行为规范引导措施和行业文明行为标准，并将文明行为培训纳入任职培训、岗位培训内容，增强文明自律。

第四章　实施与保障

第二十七条　市、县（市、区）人民政府以及相关主管部门应当加强市政、交通、文化、治安、卫生健康、大数据等文明行为促进工作基础设施的规划、建设、维护、管理和经费保障。

车站、机场、客运码头、医疗机构、大型商场、旅游景区、公园等公共场所和公共交通工具内应当设置爱心座椅。

大型商场、文化体育场所、广场、旅游景区、公园等应当按照规定配套建设公共卫生间、无障碍卫生间、第三卫生间，保持开放、整洁，便溺、盥洗等设备正常使用。

人员密集场所应当按照规定配套设置无障碍设施、母婴室、自动体外除颤器等设施设备。

第二十八条　市人民政府应当建立文明行为激励机制，建立文明行为积分制度，对公民文明行为给予激励。

市、县（市、区）人民政府应当依法对见义勇为人员予以褒扬、奖励并给予相关待遇保障；卫生健康、医疗保障、民政、司法行政等主管部门和司法机关依法为见义勇为人员提供社会救助、法律援助、司法救助。

市、县（市、区）人民政府以及相关主管部门、精神文明建设委员会办事机构应当设立并管理关爱基金，对生活困难的道德模范、先进人物等给予帮扶。

卫生健康主管部门应当对无偿献血，捐献造血干细胞、遗体、人体器官（组织）等行为进行鼓励、引导，畅通捐献渠道；应当组织紧急现场救护知识培训，提高公民实施救护能力。

第二十九条　市、县（市、区）精神文明建设委员会应当健全文明建设目标责任制，建立文明行为褒扬激励制度，支持和推动各种形式的精神文明创建活动。

第三十条　市、县（市、区）教育行政主管部门应当推进文明校园建设，制定校园文明行为规范，组织学校开展文明行为、文明礼仪教育，培养学生文明习惯。

第三十一条　新闻出版、文化广电、宣传、司法行政、通信管理、住房建设等主管部门，应当组织报刊、广播电视、网络媒体、户外广告设施等媒介和文艺团体宣传文明行为规范，传播文明行为先进事迹，批评和谴责不文明行为。

报刊、广播电视、网络等新闻媒体和户外广告设施经营管理单位，应当通过开办文明行为宣传栏目、专题节目和刊登、播出文明行为公益广告等形式，开展文明行为宣传教育活动。

第三十二条　商务部门应当组织、督促餐饮服务机构配备公筷公勺和提供分餐服务，开展日常监管。

市场监督管理部门应当将配备公筷公勺和提供分餐服务情况纳入餐饮服务食品安全分级管理，对餐饮服务机构未配备公筷公勺或者未提供分餐服务的违法行为予以处罚。

文化旅游部门应当组织、督促星级饭店、绿色饭店、特色文化主题酒店配备公筷公勺和提供分餐服务，将其纳入有关评定、考核内容，对星级饭店、绿色饭店、特色文化主题酒店未配备公筷公勺或者未提供分餐服务的违法行为予以处罚。

第三十三条　居民委员会、村民委员会、业主委员会、行业协会等在依法组织制定居民公约、村规民约、管理规约、行业协会章程时，可以根据本条例规定，对文明行为相关内容予以具体约定，由成员共同遵守。

第三十四条　物业服务企业、医院、学校、文化体育场所、商场、超市等单位对管理区域内发生的不文明行为，应当及时予以劝阻；劝阻无效的，应当向有关行政主管部门报告。

第三十五条　违反本条例规定的行为，属于《浙江省公共信用信息管理条例》规定的不良信息的，依法记入信用档案。

第三十六条　市、县（市、区）精神文明建设委员会办事机构应当设立不文明行为曝光平台，对违反本条例规定并受到行政处罚，情节严重、社会影响恶劣的不文明行为依法予以曝光，并可以将处罚决定通报行为人所在村（社区）或者单位。

第五章 法律责任

第三十七条 违反本条例规定的行为，法律、法规已有法律责任规定的，从其规定。

第三十八条 违反本条例第九条第一项规定，在街面、广场、车站、机场、客运码头、旅游景区等公共场所和公共交通工具内赤膊，影响城市市容的，由综合行政执法部门责令改正，可以处二十元罚款。

第三十九条 违反本条例第九条第三项规定，在室外开展广场舞、文艺表演、体育锻炼、商业展销等活动时，未合理选择时间、场地，控制音量，干扰他人正常生活、工作和学习的，由公安机关对组织者给予警告；警告后不改正的，处二百元以上五百元以下罚款。

第四十条 违反本条例第九条第四项规定，呼吸道传染病疫情期间在公共场所未按规定佩戴口罩的，由卫生健康主管部门责令改正，可以处五十元罚款。

第四十一条 违反本条例第九条第五项规定，在公共场所随地吐痰、便溺，乱扔果皮、纸屑、烟蒂等废弃物的，可以由综合行政执法部门处五十元罚款；乱倒垃圾、污水的，由综合行政执法部门处二百元罚款。

第四十二条 违反本条例第九条第六项规定，在室内公共场所、公共交通工具和其他禁止吸烟的公共场所吸烟的，由卫生健康主管部门责令改正，处五十元以上二百元以下罚款。

前款规定的室内公共场所、公共交通工具经营管理者对吸烟行为不予劝阻或者不及时报告的，由卫生健康主管部门给予警告，可以处五百元以上五千元以下罚款；其中，互联网上网服务营业场所经营者对其营业场所内的吸烟行为不予劝阻的，由公安机关、文化旅游主管部门依照《互联网上网服务营业场所管理条例》的规定予以处罚。

第四十三条 违反本条例第十条第二项规定，驾驶机动车行经积水路段未减速缓行，溅起积水妨碍他人的，由公安机关交通管理部门给予警告或者处二十元以上二百元以下罚款。

第四十四条　违反本条例第十条第七项规定，行人通过路口、横过道路或者遇机动车让行时有看手机、嬉戏等影响车辆、行人通行行为的，由公安机关交通管理部门给予警告或者处五元以上五十元以下罚款。

第四十五条　违反本条例第十一条第二项规定，向建筑物外抛撒物品，影响市容环境卫生的，由综合行政执法部门责令改正，可以处一百元以上一千元以下罚款；违反治安管理的，由公安机关予以处罚。

前款规定建筑物所在区域的物业服务企业对抛撒物品行为不予劝阻或者不及时报告的，由综合行政执法部门责令改正，可以处五百元以上五千元以下罚款。

第四十六条　违反本条例第十一条第四项规定，每日十八时至次日八时，在已竣工交付使用的居民住宅楼、商住综合楼内，进行产生环境噪声污染的装修活动，干扰他人正常生活的，由公安机关给予警告；警告后不改正的，处二百元以上五百元以下罚款。

第四十七条　违反本条例第十四条第二款规定，携带犬只外出未佩戴犬牌的，由综合行政执法部门对犬只饲养人或者管理人责令改正，可以处二十元罚款；在公共场所拴养、圈养犬只的，由综合行政执法部门对犬只饲养人或者管理人责令改正，可以处二百元以上五百元以下罚款。

第四十八条　违反本条例第十六条第三款规定，餐饮服务机构未配备公筷公勺或者未提供分餐的，可以由市场监督管理部门对个人处二十元以上二百元以下罚款，对法人或者其他组织处二百元以上二千元以下罚款；其中，餐饮服务机构属于星级饭店、绿色饭店、特色文化主题酒店的，可以由文化旅游主管部门处五百元以上五千元以下罚款。

第四十九条　违反本条例第十八条第一款规定，不在规定地点有序停放互联网租赁非机动车的，由公安机关交通管理部门或者综合行政执法部门责令改正，给予警告或者处五元以上五十元以下罚款。

第五十条　行为人因不文明行为应当受到本条例第三十八条至第四十九条罚款处罚的，行为人可以申请参加社会服务，行政主管部门可以根据实际情况予以安排，行为人完成相应社会服务的，经行政主管部门认定，可以依法从轻、减轻或者不予罚款处罚。

社会服务的具体实施办法，由市人民政府制定并公布。

第五十一条　在文明行为促进工作中负有管理职责的政府、部门、单位及其工作人员有玩忽职守、滥用职权、徇私舞弊的，由有权机关对直接负责的主管人员和其他直接责任人员依法给予处分。

第六章 附则

第五十二条　本条例自公布之日起施行。